Comment jouer au Golf

HARRY VARDON

Comment Jouer au Golf

TRADUIT DE L'ANGLAIS

CONSEILS SUR LA MANIÈRE DE JOUER AU GOLF, SUIVIS DES RÈGLES DU JEU ET DE LA LISTE DES MEMBRES DES PRINCIPAUX : : : : CLUBS FRANÇAIS DE GOLF : : : :

48 ILLUSTRATIONS

PARIS
LIBRAIRIE DELAGRAVE
15, RUE SOUFFLOT, 15

AVIS AU LECTEUR

Dans cette traduction française de l'ouvrage de
H. Vardon : « *How to play golf* », nous avons laissé
subsister en anglais tous les termes spéciaux de
golf. Ces mots forment en effet un vocabulaire
intraduisible en français et, d'ailleurs, ils sont compris aisément par tous les joueurs.

Dans les premiers chapitres, quand ils se présentent au lecteur pour la première fois, nous avons
distingué ces mots anglais en les composant en
caractères « *italiques* », mais par la suite nous les
avons laissés en romain, sauf aux endroits où nous
avons voulu attirer l'attention sur eux d'une
manière particulière.

(N. d. T.)

PRÉFACE

CE qui distingue le golf des autres jeux, c'est qu'il donne aux joueurs une liberté presque absolue dans le choix des instruments suivant les caractéristiques et l'état du terrain. C'est pourquoi le golf varie avec les saisons ; d'ailleurs il s'est produit durant ces dernières années des changements si considérables, que je ne cherche point à m'excuser si je me présente une seconde fois comme auteur d'un livre d'instruction sur un sujet à l'étude duquel j'ai consacré ma vie.

Il faut, pour atteindre le succès, mettre beaucoup de réflexion dans ses méthodes, qu'on ne doit cesser de développer avec l'âge et l'expérience. Je suis convaincu que beaucoup d'amateurs ne se perfectionnent pas pour la simple et unique raison qu'ils ne réfléchissent pas suffisamment aux détails du jeu. Le professionnel, lui, réfléchit, car le golf représente son gagne-pain et c'est à cela qu'il doit son succès. Il donne une attention particulière aux détails et remonte soigneusement de l'effet à la cause.

C'est là un travail cérébral dont j'ai essayé dans ce volume de démontrer l'importance sur les *links*. Si donc le golfeur exercé trouve ici des conseils dont il a lui-même et depuis longtemps éprouvé l'excellence, il voudra bien se souvenir des besoins du golfeur de force moyenne. D'ailleurs, il est bon de rappeler aux uns et aux autres les règles fondamentales du jeu ; et les changements principaux qui se sont produits dans les méthodes — corrolaires obligatoires des changements apportés dans le matériel — intéressent précisément et plus particulièrement les joueurs exercés. J'ai réfléchi longuement à ces différentes questions et avisé aux moyens que je considère comme les plus profitables pour bien jouer au golf. Ce sont les méthodes que m'enseigne ma propre expérience que je décris dans ce livre.

Qu'on me permette, à ce propos, de rappeler un fait personnel. Je jouais récemment sur un terrain où j'avais joué quelques années auparavant ; il me suffira de mentionner un certain trou auquel on n'avait fait subir aucun changement depuis ma dernière visite ; les conditions de temps et de saison à sept ou huit ans de distance étaient identiques. Le vent soufflait assez fort de droite à gauche. La première fois, j'avais dirigé mon coup dans le vent, imprimant un *pull* à la balle, afin d'obtenir de la distance comptant aussi sur le vent qui contribuerait vers la fin du coup à en augmenter la longueur. La seconde fois, je jouai d'après une méthode que je considère comme ultra-moderne. J'exécutai un *drive* presque droit avec un soupçon de *cut* qui, vers la fin de sa course, devait amener la balle dans le vent. Chacun de ces coups, à l'époque où ils furent joués, convenait à la situation pourtant identique dans les deux cas. Quelle est donc la raison de ce changement ? C'est que la balle actuelle n'est plus la même qu'autrefois. Elle rebondit aujourd'hui avec une telle facilité, elle est si sensible au moindre mouvement qui peut accélérer sa course que le *pull* volontaire est devenu le coup le plus dangereux du golf. Quand le sol est dur et le terrain étroit, il est très difficile de contrôler suffisamment la balle pour la diriger exactement où l'on veut. Voilà donc un exemple des changements qui se sont produits dans le jeu de golf.

Il me reste quelques mots à dire sur les photographies qui accompagnent ce livre : elles représentent des coups exécutés d'après les procédés actuels qui aboutissent aux résultats cherchés; je puis assurer le lecteur, après bien des années d'étude, que ces positions sont *correctes* ou bien, quand les illustrations les représentent à dessein comme ne l'étant pas, *incorrectes*. On remarquera à l'arrière plan de ces photographies un poteau assez élevé. Je l'y ai fait placer afin de mettre en relief la position de la tête et du corps pendant les diverses phases du *swing*. Le second poteau indiqué devant certaines photographies doit servir à démontrer l'absence de mouvement ou le mouvement incorrect de la tête. La position des pieds ressort clairement dans l'encadrement dessiné à la chaux qui les entoure.

Je tiens beaucoup à remercier M. R. E. Howard pour l'aide qu'il m'a apportée dans la préparation de ce livre; on me permettra d'en expliquer l'origine. J'aime à enseigner le golf; c'est une tâche qui me plaît infiniment plus que de concourir pour un championnat. Je puis décrire à la rigueur la manière dont j'accomplis les coups et pourquoi je m'y prends ainsi; mais réunir ces démonstrations en un volume d'instruction est une toute autre affaire. Mr. Howard a repris mes notes, il les a mises en ordre, les a coordonnées, formant ainsi un tout que je n'aurais pas su réaliser, réduit à mes seules forces. J'ai épuisé pour la composition de ce livre toutes les connaissances que je possède du sujet et j'espère que mon expérience profitera aux milliers de joueurs dont le rêve est d'atteindre un jour un *handicap* de *scratch* ou même mieux.

Comment jouer au Golf

CHAPITRE I

LES TENDANCES DU JEU

Il est actuellement beaucoup plus facile à un joueur novice d'acquérir une certaine connaissance du golf — pourvu qu'il suive une méthode rationnelle — qu'il ne l'était à ceux d'entre nous dont les débuts remontent au temps de la balle de gutta percha. Par contre, je suis persuadé que ceux qui firent autrefois leurs premières armes possèdent une connaissance des coups que la balle en élastique ne permet jamais d'obtenir. Cette connaissance a été d'un grand secours aux anciens joueurs dans leurs luttes contre de plus jeunes rivaux.

Tout récemment, il m'arriva de songer par hasard aux changements survenus dans le jeu de golf depuis que je le pratique. C'était par un après-midi d'été, au moment où la balle, hardiment lancée du *teeing ground* franchissait d'un bond une distance de 300 *yards*. Bien que la partie dût finir à 5 heures tous les joueurs, d'un bout à l'autre des *links*, semblaient goûter vivement le plaisir que procure ce jeu merveilleux. Plein d'admiration, je me félicitai alors de vivre à une époque où la pratique de ce sport est plus en honneur qu'elle ne le fût jamais.

Il y a maintenant vingt ans que j'ai commencé à faire une étude sérieuse et approfondie du golf. Evidemment, je le pratique depuis beaucoup plus longtemps que cela, mais je n'attachais à mes premiers efforts aucune importance réelle, je ne songeais pas que ce jeu serait jamais pour moi autre chose qu'une distraction. Vingt ans représentent peut-être une partie considérable de la vie d'un homme, mais ils passent vite quand les évènements se suivent avec autant de rapidité que dans le golf. L'esprit est souvent absorbé par les affaires du moment et par celles du lendemain ; en y réfléchissant on demeure stupéfait devant les transformations que vingt ans ont apportées au jeu qui nous occupe.

Il n'y a aucune période dans l'histoire du jeu où l'évolution ait été plus rapide que dans ces sept ou huit dernières années, c'est-à-dire depuis que les golfeurs commencèrent à se rendre compte des résultats que peut donner la balle en élastique et adoptèrent les méthodes nécessitées par l'emploi de cette balle. Car, en définitive, on a certainement adopté une manière de jouer différente de celle qui était en vogue au temps de la gutta-percha. C'est du moins l'opinion que je me suis formée après avoir beaucoup voyagé, avec le golf pour objectif, après avoir visité des centaines de links et suivi le jeu dans toutes les phases de son développement. J'essayerai d'ailleurs, avant la fin de ce chapitre, de justifier cette opinion.

J'ai la plus intime conviction que la balle en élastique a causé et continue à causer un grave préjudice au golf en tant que sport athlétique et scientifique. C'est encore un admirable jeu et rien ne pourra détruire le charme qu'il a pour ses partisans. Pourtant le golf me paraît différent de ce qu'il était au temps de la balle de gutta-percha. En dépit des regrets que me cause le règne de la balle en élastique, qui supprime en partie la réflexion dans le jeu et la grâce dans le style, je me permettrai cependant une remarque. Si l'on généralisait son emploi pour les concours, comme certaines personnes influentes l'ont proposé, il s'en suivrait à coup sûr un indescriptible chaos. Il ne faut pas oublier que, pour un grand nombre de personnes, la balle actuelle, en rendant le jeu beaucoup plus facile, leur en augmente le plaisir. Ces gens ne peuvent souvent consacrer au jeu que deux jours par semaine et ils veulent en retirer le maximum de jouissance. Rien ne pourrait les amener à reprendre la balle de gutta (ou dans bien des cas à l'employer pour la première fois) et personnellement je ne saurais les en blâmer. Quelle serait alors la situation ? La confusion qui en résulterait serait pire que l'état de choses actuel qui, cependant, peut donner à réfléchir. Les champions du golf et, à vrai dire, tous les golfeurs qui veulent prendre part à des concours, devraient continuer à s'exercer avec la balle de gutta. On ne pourrait exiger d'eux d'employer une balle un jour et une autre le suivant. Du moins, s'ils l'essayaient, ils se verraient bientôt plongés dans le plus profond désespoir.

Le concurrent employant la balle de gutta oserait à peine regarder un adversaire se servant d'une balle en élastique.

J'ai gardé un vif souvenir d'un incident relatif à ce sujet. Au championnat international à Hoylake en 1902 où l'on se servit de quelques balles de caoutchouc, j'avais pour concurrent Peter M'Ewen, qui justement avait adopté cette nouvelle balle. Comme la majorité des joueurs, j'étais resté fidèle à la gutta. Il se trouva que ce jour-là, mes *drives* étaient assez longs et M'Ewen avait presque toujours à jouer son second coup avant moi.

Pour l'approche, il lançait la balle à quelque distance du *green*, la laissant alors rouler jusqu'au but désiré. J'en étais absolument déconcerté. Je ne pouvais plus approcher avec mon *mashie*. Je ne cessais de me répéter que je devais ignorer ce qu'avait fait sa balle et penser seulement à ce que ferait la mienne. Mais on est irrésistiblement disposé, comme tous les golfeurs le savent, à juger de la distance à parcourir par ce que fait votre adversaire. J'essayais de faire mes approches de plus en plus longues pour compenser la différence existant entre les deux balles, mais quelque chose me retenait : sans doute, la certitude que sa balle irait beaucoup trop loin, s'il la frappait comme je voulais frapper la mienne, et j'étais toujours à distance du green. Je perdis le championnat d'un point. Je n'ai pas de regrets, car mon vieil ami *Sandy* Herd méritait d'être champion plus qu'aucun homme au monde. J'ai simplement mentionné ce fait pour montrer combien pourrait être distrait le joueur se servant de la gutta, s'il voyait son adversaire se servir de la balle en caoutchouc.

La confusion pour l'arrangement des parties serait indescriptible. A titre d'exemple qu'on me permette de raconter ce qui m'est arrivé.

J'ai joué autrefois de nombreuses parties avec un amateur qui avait le *swing* le plus court que j'aie jamais vu. C'était un excellent sportman et l'adversaire le plus agréable que j'ai jamais rencontré, mais je ne puis dire que j'admirais son style. On eût dit qu'il faisait claquer un fouet si je puis m'exprimer ainsi. Il portait sa crosse légèrement en arrière et donnait à la balle un petit coup sec. Il manquait rarement un coup mais avec la balle de gutta il n'arrivait jamais assez loin. Je pouvais lui rendre un point par trou et le battre. Quand les balles en élastique nous arrivèrent d'Amérique, il fut parmi les premiers à s'en procurer, les payant des prix élevés. C'était le temps où une seule balle était considérée comme bon marché à vingt cinq francs. Un jour, il en apporta une pour jouer avec moi et je découvris bientôt qu'en employant une balle de gutta je pouvais à peine lui donner un tiers. Il joua bien d'autres parties avec moi toujours avec cette différence de balle et, avec un tiers, me battait une fois sur deux. Il se distingua plus tard comme *scratch* et remporta le championnat de son comté. Ce cas peut être exceptionnel — la balle de caoutchouc convenait mieux au style de mon ancien adversaire qu'à la moyenne des joueurs — mais le fait que je viens de raconter montre le chaos qui résulterait si certains joueurs employaient la balle en élastique et d'autres celle de gutta.

Bien que je regrette profondément la disparition de la balle de gutta je ne vois pas comment on pourrait rétablir son emploi, même en le limitant au championnat. L'usage de la balle en élastique s'est établi et on ne pourrait s'en défaire sans créer de nouveaux troubles ; cette balle a produit d'ailleurs des effets utiles... Je crois qu'on lui est redevable, dans une certaine mesure, de la popularité, sans cesse grandissante du golf. Elle a rendu le jeu plus facile et les commençants se sont flattés d'être meilleurs joueurs qu'ils ne le sont en réalité ; ils se sont cru capables de maîtriser les plus grandes difficultés du jeu en une limite de temps qu'ils ont ensuite reconnue absolument insuffisante. Cela peut être bon ou mauvais selon le point de vue où l'on se place ; bon, en ce que le jeu offre ainsi une plus grande somme de plaisir à la majorité, mauvais, en ce que les joueurs actuels n'ont plus comme autrefois un stimulant pour les encourager à acquérir une précision plus grande et à exercer leur réflexion d'une manière plus approfondie. Le golf ne sera jamais un jeu facile, mais jamais non plus il ne sera ce qu'il était avant l'apparition de la balle en élastique.

Personnellement je suis convaincu que le golf — à mesure que les *scores* baissent — n'est plus à la hauteur de ce qu'il était autrefois. Cette remarque n'est pas simplement le résultat d'une inspiration subite ; je me suis fait cette opinion depuis plusieurs années et je l'ai communiquée à mes amis ; aucun fait nouveau n'est venu l'infirmer. Partout où je suis allé, la diminution de la qualité intrinsèque du golf m'a frappé et il faut l'attribuer à l'influence de la balle en élastique. D'abord les joueurs sont devenus négligents. Il est parfois plus avantageux de manquer sa balle que de la frapper et chacun le sait. Quelle sagesse dans la réflexion de l'un de mes adversaires qui, après avoir *toppé* sa balle avec son *mashie*, la vit s'arrêter près du trou : « Ah ! dit-il, si mauvais qu'il soit, tout coup réussit de nos jours, souvent même très bien ». Au temps de la gutta un joueur savait que s'il jouait mal son coup, il serait puni soit que sa balle dépassât le green, soit qu'elle fût arrêtée par un accident du terrain sans pouvoir le sauter. Il était obligé de donner plus d'attention au jeu, sachant qu'il n'avait pas d'indulgence à attendre. Il n'y avait qu'une seule manière de jouer chaque coup, c'était de le bien jouer.

Avec la balle actuelle on arrive au but désiré de plusieurs manières, et, ce qui est pire, il arrive fréquemment qu'un bon coup soit gâté par la balle qui, trop souple, tombe sur un terrain un peu dur et rebondit au loin dans des endroits impossibles.

Je pourrais rappeler de nombreux exemples où, au cours de nombreuses parties, j'ai joué, au même trou, des coups qui paraissaient identiques et, tandis que l'un était parfaitement réussi, l'autre était complètement manqué. Ce fait s'est présenté au championnat omnium allemand à Baden-Baden en 1911. Je fus le vainqueur et serais donc malvenu de me plaindre d'un incident qui peut survenir à n'importe lequel de nous. Je l'offre uniquement comme un exemple pour prouver une fois de plus la nature capricieuse du golf moderne. A un trou assez court, je visai si juste que la balle s'arrêta tout près du trou, et j'obtins un *deux*. Au tour suivant, je fis un coup que je crus tout aussi bon, mais la balle rencontra une qualité de sol qui la fît s'arrêter au bord du green. Au second coup, elle franchit le green sans raison apparente et je m'en tirai avec un *six* ! On peut n'être pas aussi cruellement puni pour avoir fait une erreur d'un *yard,* mais il arrive souvent qu'on perde ou qu'on gagne un point sans avoir très bien ou très mal joué.

J'ai affirmé que le jeu s'est altéré et je l'ai déclaré avec d'autant plus d'assurance que j'en juge par mon propre jeu. J'ai été assez heureux pour gagner le championnat omnium de 1911 et un grand nombre d'autres concours, mais je suis certain qu'autrefois avec la balle de gutta mon jeu valait quatre coups de moins qu'aujourd'hui. Je le dis en toute sincérité après avoir réfléchi à ce que représente une différence de quatre coups sur un parcours de 18 trous. Il va sans dire que les *scores* étaient moins élevés, mais en ce qui concerne la réelle valeur du jeu, le mien a baissé dans les proportions indiquées. Ceci posé, on en peut conclure à une décadence générale, sans quoi je n'aurais remporté aucun succès.

Autrefois, dès que je prenais un *fer*, je pouvais dire à deux ou trois yards près, non seulement la direction que prendrait la balle mais encore le point où elle s'arrêterait. Cela était possible à tous les joueurs qui jouaient sérieusement avec la gutta. Ce n'est plus possible avec la balle élastique. Je crois d'ailleurs que chacun hésite parfois sur la manière de jouer le coup le plus simple. Aucun jeu ne vaudrait la peine d'être approfondi, si le hasard n'y était pour rien, mais les caprices de la balle élastique ont rendu l'esprit du joueur hésitant et incertain.

Sous ce rapport, le golf est devenu *un jeu de réflexion*, mais il est regrettable que ces réflexions ne mènent jamais à des principes bien établis.

Il y a cependant une exception à cette règle. Les joueurs qui ont fait leurs débuts avec la balle en élastique, paraissant avoir adopté une manière à peu près générale de jouer les coups à longue portée. J'ai fait remarquer plus haut la différence qui existe entre la manière de frapper avec la balle de gutta et la balle actuelle. Il s'ensuit que la plupart des golfeurs jouent aujourd'hui avec un *pull* ; par conséquent nous devenons rapidement une nation de *pullers*. C'est d'ailleurs ce qui arrivait dans la majorité des cas aux personnes qui se perfectionnaient avec la balle de gutta. Je crois qu'on se tient en jouant un peu plus en avant, afin d'obtenir pour la balle, jusqu'à un certain point, tout l'avantage du *pull*. On voit rarement un joueur s'exercer de préférence à obtenir la longue portée ce qui est, à mon avis, la vraie manière de jouer, et, en fin de compte, la plus satisfaisante.

Naturellement il a fallu un certain temps aux golfeurs pour connaître les ressources de la balle en élastique. Peu à peu ils se sont rendu compte qu'en frappant la balle presque au niveau du sol et avec un *pull*, ils arrivaient à couvrir la plus longue distance possible, et cette façon de jouer n'a pas cessé de se populariser. Les joueurs de toutes forces ont découvert cette méthode et l'emploient généralement ; beaucoup s'en servent sans s'être donné la peine de bien apprendre le *pull*. Il est difficile de trouver ce coup élégant ou même de croire qu'il soit profitable. Parfois la balle rase de si près le sol et s'y abat si vite que le joueur paraît avoir manqué le coup ; mais non, c'est sa méthode et la balle accomplit exactement le parcours voulu.

Jusqu'ici tout va bien, mais ce coup est dangereux, car il menace de devenir partie intégrante du jeu de golf. Il devient déjà une habitude si invétérée que le golfeur ne peut s'en défaire, quand il lui serait avantageux de l'ignorer. Même avec le *fer* il a recours à ce coup, qui lui est naturel. Aussi quand il se trouve dans une position qui demande l'ancien *pitch shot* — ce qui lui arrive fréquemment — il perd son avantage. Tôt ou tard, les championnats et tous les concours seront gagnés par des joueurs qui n'ont pas appris le jeu avec la balle en gutta. A moins que de grands changements ne surviennent dans le courant actuel, tous les vainqueurs seront des *pullers* par instinct, capables de lancer la balle à de grandes distances, mais ne sachant pas, le fer en main, oublier leur penchant naturel. C'est du moins l'opinion que je me suis formée, après une étude approfondie du golf, depuis l'introduction de la balle en élastique, et je ne crois pas que cette phase de son évolution soit bonne.

Mais il y aurait un moyen de détourner le joueur moderne de cette fâcheuse méthode. Ce serait de reculer tous les *tees*. Pour les personnes qui drivent court — s'il en existe — on pourrait laisser un chemin détourné, afin de leur permettre de traverser les accidents. Le golf est destiné au grand nombre, non pas seulement aux joueurs de premier ordre ; il doit être un plaisir pour les joueurs moyens comme pour les bons. On pourrait donc remédier au mal de la façon suivante. De chaque *tee* s'étendrait un espace suffisant pour permettre à la balle de couvrir une longue distance ; d'autre part, on donnerait une alternative au joueur moyen pour qu'il ne soit pas puni, s'il fait un bon coup, tout en perdant un demi point à l'avantage de celui qui couvre toute la distance. Le *swing*, qui d'une façon générale a perdu son ampleur d'autrefois, retrouverait cette qualité en même temps que le rythme, car le bon joueur, en tous cas, s'efforcerait de couvrir la distance entière ; c'est-à-dire qu'il aurait à frapper sa balle comme au temps de la *gutta*. Je sais que ce projet ne serait pas réalisable partout, mais du moins il le serait en beaucoup d'endroits.

L'exemple suivant montre jusqu'à quel point celui qui emploie la balle en élastique peut être handicapé. Je faisais récemment neuf parties différentes avec un joueur qui s'est distingué dans ces dernières années. C'est un excellent joueur, mais son style est celui qui est devenu général depuis l'emploi de la balle en élastique. L'un des trous, fort intéressant à mon avis, exigeait un coup de 190 yards à partir du *tee*, une rivière et un *bunker* formidable formaient les obstacles et des noyers étaient plantés de chaque côté.

Ces difficultés n'étaient pas insurmontables pour le joueur accoutumé à la balle de gutta, et, huit fois sur neuf, je réussis à atteindre le *green* tandis que mon adversaire n'y put parvenir une seule fois. Je ne mentionne pas ce fait par orgueil, mais pour montrer les difficultés que rencontre le joueur actuel quand il se trouve forcé d'abandonner la méthode des balles à ras de terre avec *pull* et sa façon de jouer est devenue si habituelle pour lui qu'il ne peut s'en défaire. Cette difficulté surviendra souvent, car même si l'on faisait subir des transformations à tous les links du monde en vue de la manière de jouer actuelle, il arriverait toujours aux golfeurs de manquer leurs coups, d'envoyer leur balle en dehors du parcours, ce qui les forcerait encore à avoir recours à ce que nous avons décrit plus haut, le *pitch shot*. C'est pourquoi il vaut mieux, à tous les points de vue, que les golfeurs s'habituent à jouer la balle en hauteur au lieu de lui faire raser le sol.

C'est dans ce but que j'ai suggéré de reculer autant que possible les *tees*. Dans les clubs où la majorité des membres ne jouent que deux fois par semaine et cherchent à s'amuser plutôt qu'à surmonter de pénibles épreuves, il n'y a pas de raison pour rendre le golf très difficile, mais il y a une différence entre des trous très difficiles et ceux qui ne demandent que les subterfuges du *pull*. La balle en élastique comparée avec la gutta n'a pas beaucoup augmenté la longueur de la portée, c'est la balle courant à ras de terre qui a révolutionné le jeu. Dans des conditions normales, la *Haskell* allongeait nos coups de vingt yards environ ; les derniers modèles de la balle élastique y ajoutent peut-être encore quarante yards.

Ceci, il va sans dire, sans l'aide du vent ou de pente de terrain. La portée n'a donc subi que peu de changements, et c'est en maintenant sa longueur qu'on conservera au golf les qualités qu'il possédait au temps de la balle de gutta, or, suivant l'opinion de presque tous ceux qui sont à même de juger, c'est avec cette balle que le golf a atteint son plus haut degré de perfection.

De nos jours on arrive, avec le *pull*, à couvrir des distances extraordinaires. On entend souvent parler de *drives* de record, mais je suis sûr que beaucoup parmi les plus longues distances n'ont jamais été mesurées. Pendant l'été de 1911, lorsque le terrain était si favorable à la course de la balle, on a dû faire bien des coups de plus de 400 yards. Je sais qu'à Totteridge j'arrivais régulièrement sur le green du trou de 540 yards avec mon *driver* et un coup de *niblick* ; c'est dire qu'avec le *mashie* j'aurais été trop loin. D'autres joueurs ont dû faire ailleurs des expériences semblables. De pareils exploits peuvent être divertissants, mais ils sont en somme nuisibles au jeu.

CHAPITRE II

L'AMÉNAGEMENT DU TERRAIN

Il est évident que le terrain joue un rôle important dans le jeu de golf et, avant de poursuivre en détail cette étude, nous croyons utile de porter notre attention sur ce point essentiel.

De la façon dont les trous sont disposés, ne dépend pas seulement le plaisir du joueur ; la disposition du terrain a une influence considérable sur celui qui s'y exerce tous les jours, et peut augmenter ou diminuer ses chances de progrès. Il faut naturellement se plier aux conditions locales, mais certaines dispositions peuvent être introduites presque partout qui ne peuvent qu'augmenter le plaisir et le succès pour la majorité des joueurs. J'ai déjà parlé dans le chapitre précédent d'offrir au golfeur un stimulant en lui donnant de chaque tee un coup à longue portée. Les raisons en sont, j'espère, satisfaisantes. Il y a peu de mérite à frapper la balle de telle sorte qu'elle rase le sol, quand la plus grande partie de son trajet devrait s'accomplir en l'air. Depuis la création de la balle en élastique, il s'est établi un courant tendant à supprimer les accidents de terrain transversaux et à leur substituer des *bunkers* et autres obstacles sur les côtés, avec, de temps à autre, un petit bunker au milieu de la plaine. En conséquence on a tout avantage à jouer la balle à ras de terre ; il importe peu de *topper* la balle, pourvu qu'on la joue en ligne droite ; ce serait même plus avantageux que le coup nettement frappé qui peut faire légèrement dévier la balle.

Je crois que le meilleur moyen de remédier au mal, serait de persuader aux golfeurs que la balle doit accomplir la plus grande partie de son trajet en l'air et non pas dévaler le long du terrain. Tous les joueurs auront avantage, en fin de compte, à comprendre ainsi l'un des véritables éléments du jeu, car en se servant du *fer* ils sauront exécuter ce que nous avons appelé le *pitch shot*. Enfin je plaide pour le rétablissement d'un genre d'obstacle — modifié cependant — qui était en vogue au temps de la balle de gutta et qui a eu bien des adversaires. A vrai dire, l'ancien type de *bunker* central, qui s'étendait en travers du parcours à angle droit, était l'un des traits monotones et artificiels du green. Mais il avait ses bons côtés, capables d'être améliorés, et son manque de faveur est regrettable.

On me fera sans doute remarquer que, si l'on rétablit cet obstacle tranversal (*cross hazard*), on ravivera les objections qu'il a déjà soulevées : en premier lieu celle d'offrir des degrés dans la difficulté suivant la force du vent. Par un vent faible il était facile de le traverser ; mais par un vent violent c'était presque impossible. Le lecteur se dira peut-être que, pour remettre en honneur les coups anciens, il faudrait allonger la portée à partir du tee pour mettre à l'épreuve les bons joueurs, mais les joueurs ordinaires seraient réduits au désespoir. Leurs meilleurs coups atteindraient simplement les *bunkers*.

J'ai réfléchi à toutes ces difficultés et je ne puis dire qu'elles m'apparaissent insurmontables. On pourrait adopter en beaucoup d'endroits, sinon partout, le plan suivant, qui serait d'établir un bunker s'étendant en diagonale à travers le parcours et dont la partie la plus éloignée du joueur, quand il se tient sur le tee, serait la ligne directe du green ; une chaîne de trois ou quatre fosses profondes, de grandeur moyenne et de formes différentes s'étendant en diagonale le long du parcours, rempliraient le même but. Le sens de ce projet est évident, le golfeur doit d'abord décider s'il veut traverser le bunker, ensuite quelle ligne il choisira. Normalement, un golfeur de premier ordre voudra traverser au point le plus éloigné, ce qui l'amènera tout droit dans la direction du trou. Ce premier coup lui aura préparé le second qui l'amènera sur le green. Avec ce système de bunkers, le green devra être étroit et long, de sorte qu'un joueur ayant dévié de la ligne droite trouvera un surcroît de difficulté pour le deuxième coup. Le green se présenterait alors sous un angle très peu commode pour le joueur et de biais. Au contraire pour celui qui aurait fait un bon drive, l'approche du green serait facile. Par conséquent le joueur moyen aurait tout avantage à réfléchir par avance à son jeu. Peut-être ne se risquerait-t-il pas à traverser le bunker au point le plus éloigné et il préférerait choisir la partie de l'obstacle qui se trouve le plus près de lui. Peut-être encore se déciderait-t-il à jouer à l'extrémité de l'obstacle, sans le traverser et à se fier à un second coup pour le franchir et lui ouvrir ainsi l'approche du green. En tous cas, la personne dont le *tee shot* serait le meilleur et le plus long, gagnerait généralement un demi point, ce qui est une juste récompense pour une telle supériorité. C'est sur ce plan qu'ont été exécutés les links du *Prince* à Sandwich et ce sont les meilleurs que j'aie jamais vus, bien qu'ils n'aient pas été organisés seulement pour des joueurs de premier ordre. Au contraire, ce terrain jouit d'une grande popularité parmi l'immense armée des joueurs à handicap qui l'ont essayé, pour la raison qu'aucun coup n'y est impossible à ceux qui possèdent les premiers rudiments du jeu. Le bon golfeur essaye de traverser le *bunker* le plus éloigné et le golfeur moyen se contente de franchir le plus court. Chacun peut à son aise y exercer ses talents et même le bon golfeur ne sort pas facilement de l'épreuve, car il est souvent tenté d'entreprendre des exploits presque au-dessus de ses forces. Le joueur ordinaire subit la même tentation. Dans les conditions actuelles,

avec la balle en élastique, cet aménagement du terrain qui met
en rivalité l'adresse et la force est le meilleur que je connaisse.

Le plan ci-joint donnera une idée exacte des principes

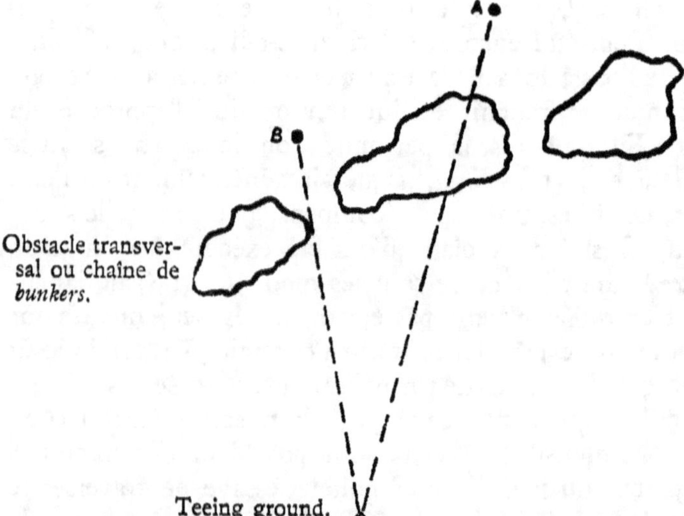

Excellent type de *tee shot* dans le golf moderne. Le joueur a le choix quant
à la longueur du coup qu'il veut faire. S'il se décide à prendre la ligne droite
vers le trou et qu'il joue jusqu'à A, il se prépare un second coup compara-
tivement facile. S'il lui est impossible de donner à sa balle une aussi longue
portée et qu'il préfère *driver* jusqu'à l'endroit marqué B, il aura ensuite une
longue approche à angle difficile. Le green devra être bien protégé de chaque
côté, l'entrée n'en étant facilitée qu'au joueur qui aura pris la ligne droite.

que j'ai énoncés. L'avantage de cette disposition est que les obstacles pourront toujours être franchis, excepté par un vent très violent, et le golfeur qui traversera le *bunker* le plus éloigné recevra la récompense qu'il mérite. La réflexion, l'adresse, la force sont nécessaires, toutes ces qualités qui firent du golf un jeu si merveilleux au temps de la balle de gutta-percha et dont l'avènement de la balle en élastique a failli causer la disparition.

Dans le golf actuel les trous les plus difficiles sont les plus courts, à condition qu'ils soient bien disposés. Je pensais autrefois que trois trous courts étaient suffisants pour chaque terrain, mais le jeu a subi de tels changements et les difficultés du drive se sont depuis dix ans tellement amoindris qu'aujourd'hui je ne trouve pas exagéré le nombre de cinq par terrain. La difficulté qu'on éprouvera à jouer les trous courts contrebalancera dans une certaine mesure la facilité avec laquelle on atteint les trous longs. Mais on devra exiger pour ces trous des *tee shots* parfaits ; pas de miséricorde pour le joueur dévoyé. Avec de l'attention et de la pratique, chacun devrait pouvoir jouer convenablement un trou court : s'il est facile, c'est la chose la plus ennuyeuse du monde.

Au bord de la mer, on trouve généralement des emplacements excellents pour des trous courts, et il faut tenir compte, dans l'aménagement du terrain, des pentes et des obstacles naturels. Mais dans l'intérieur des terres, il faut souvent aider à la nature en ajoutant des *bunkers* ; alors le joueur a plus de latitude dans le choix du coup nécessaire pour atteindre le green. On pourra se servir du mashie pour l'un des trous qui devra mesurer de 80 à 120 yards ; deux autres pourront avoir chacun de 120 à 160 yards pour permettre au joueur qui emploie volontiers le *fer* de se servir de cet instrument. Les trous devront présenter des difficultés nombreuses, mais cependant surmontables. Les bunkers seront aménagés non loin du green afin de punir un mauvais coup. On pourrait introduire deux autres trous pour les *full shots*, certaines personnes se récrieront peut-être contre la dénomination de trou court appliquée à ceux-ci et cependant on ne peut prétendre qu'ils soient longs. Dans ce cas, les bunkers protégeant l'entrée du green devront être éloignés d'environ 25 yards de la lisière du *putting green*, afin de tenir compte de la distance couverte par le *full shot*. Il est de la plus haute importance que le sol, entre le bunker et le green, soit aussi bon que peuvent le rendre la nature et les moyens artificiels. Il ne faut pas que la balle risque jamais de rebondir sur le sol. Dès que vous avez frappé la balle, vous savez si le coup est bon ou mauvais et c'est un grand désappointement de voir un bon coup aboutir dans un bunker ! Et quand vous avez l'intention de prendre une certaine direction, n'est-ce pas insupportable de voir la balle bondir dans un sens opposé à cause du mauvais état du terrain.

Le genêt épineux, les fougères et autres plantes sauvages s'étendant du tee au green formeront de bonnes sentinelles pour les trous courts, mais là où il est nécessaire de creuser un bunker, il va sans dire que son contour devra être plus ou moins à angle droit avec la ligne du jeu, car il ne peut y avoir qu'un seul endroit où traverser avec la balle, même si celui-ci varie d'un jour à l'autre suivant le vent. Le bunker en diagonale ne peut servir qu'aux trous longs. Dans les conditions actuelles, les trous les plus difficiles à jouer sont, à mon avis, ceux qui mesurent environ 400 yards avec l'accès des greens bien protégé. Dans l'un et l'autre cas, il est nécessaire de faire un bon *drive* et, par un vent contraire, on aura souvent à jouer un *full shot* comme second coup. Pourtant, un joueur de premier ordre atteindra son but en deux coups parfaits et regagnera le coup qu'il aura concédé à son adversaire inférieur à lui. Je suis très partisan d'un bunker situé devant le green afin d'obliger le golfeur à jouer le *pitch shot*, qui est la vraie manière de jouer ; mais cet accident de terrain devra se trouver à 40 yards environ du drapeau. Par les temps secs, il est presque impossible de faire arrêter la balle à quelques yards de l'endroit où elle s'abat.

Cinq de ces trous ne seraient pas de trop et, afin de donner une chance au joueur moyen, quatre sur cinq devraient mesurer de 330 à 370 yards chacun. On a souvent trouvé mauvaise une distance de 330 yards, car elle exige d'ordinaire plus d'un *full shot* et moins de deux. Mais l'approche constitue aujourd'hui la partie la plus difficile du jeu et, comme le joueur malheureux doit toujours pouvoir se rattraper, on peut bien, dans une certaine mesure, lui faciliter cette chance.

Avec l'obstacle transversal pour arrêter un mauvais *drive*, le golfeur, coupable d'un détestable *tee shot*, aurait à faire un effort surhumain pour obtenir un 4.

L'inclinaison et la nature du terrain serviront souvent à déterminer si l'entrée du green doit être protégée ou laissée à découvert. Cette dernière disposition peut être recommandée dans certains cas. Si le terrain, supposons à 40 yards du trou, descend en pente à droite ou à gauche du *fairway*, l'approche du green est rendue aussi difficile que par un obstacle artificiel. La balle à ras de terre ne suivra pas bien la pente, à moins de jouer avec un *pull* ou un *slice*, suivant que le sol penche vers la gauche ou vers la droite. On exécutera un très beau coup, si l'on franchit cette pente difficile et si l'on réussit à s'arrêter près du trou.

Nous voilà maintenant fixés sur 14 trous, les 4 derniers pourraient mesurer de 420 à 580 yards. Je ne crois pas qu'un trou doive jamais atteindre 600 yards ; en général on ne trouve pas plus de plaisir à jouer un trou très long qu'on en aurait à lancer une balle à travers Hyde Park — si quelqu'un s'est jamais offert ce divertissement. Du *tee*, le golfeur ne devra rencontrer aucun obstacle lui barrant la route du trou de 500 yards. Ici et ici seulement, il pourra déployer tous ses talents en matière de drive sans rencontrer d'entrave à son jeu. On pourrait placer le premier obstacle transversal à 360 yards environ du tee et, si le joueur venait à y tomber, il serait victime de sa propre adresse et de la sécheresse du terrain. On ne devrait pas non plus accumuler les difficultés à l'entrée du green : à condition de jouer droit, celui qui couvre à chaque coup une longue distance doit pouvoir atteindre le green sans beaucoup de peine.

Nous avons maintenant un terrain comprenant 4 sortes de trous, plus ou moins clairement définis, mais bien aménagés, espérons-le, et d'une distance totale de 6200 yards. Il est peut-être impossible de se conformer partout à ce mode d'aménagement, mais on en peut adopter les lignes générales qui sont basées sur les meilleurs principes du golf tel que je le conçois. Je n'ai aucune sympathie pour la balle qui rase la terre ; ce jeu n'est ni plus ni moins qu'un subterfuge.

Passons maintenant à quelques considérations sur les détails. Excepté pour les trous courts ou ceux dont l'approche, après un bon drive, demande un coup court, on ne doit protéger le green qu'à une distance respectable de 10 à 15 yards en arrière du trou. On ne peut qu'encourager le joueur à viser hardiment le but et, on risque de l'effrayer, s'il sait que le moindre excès d'audace amènera d'irréparables désastres dans son jeu. C'est un grand éloge pour un terrain de golf de pouvoir en dire qu'il encourage les approches hardies. Le green, bordé de tous côtés par des bunkers, et qui, de loin, semble à peine assez grand pour y tenir à quatre, peut, en certains cas, encourager le golfeur habile à se servir du *fer*, mais il causera beaucoup plus souvent de la timidité chez le golfeur.

Sans montrer trop de faiblesse, soyons indulgents quant à l'espace à réserver derrière le trou : laissons en trop plutôt que pas assez. Par contre, les côtés de chaque green ainsi que ceux du *fairway* doivent être littéralement semés de difficultés. On peut pardonner à la balle en élastique de dépasser le but projeté, mais elle n'a pas d'excuse si elle s'écarte de la ligne droite. Le *Rough*, à condition que ce soit vraiment du rough, cause plus d'ennui que la plupart des bunkers. Habituellement on se rend compte, par un seul coup d'œil, de la manière dont on sortira la balle d'un bunker, mais si elle tombe dans le rough elle occasionne souvent les plus grands désagréments. Donc augmentons les difficultés sur les côtés, accumulons les obstacles et les bunkers. Ici, je dois dire que le joueur qui *pulle* mérite d'être puni avec autant de sévérité que celui qui *slice*. L'opinion s'est répandue dans le monde du golf que le défaut du premier était moins grave que celui du second, mais je ne vois pas comment ce jugement peut se justifier. Il est aussi impardonnable de sortir du parcours à gauche qu'à droite. Pourtant j'ai joué sur bien des links, où l'on avait pris des précautions pour que le *puller* ne se trouve pas trop sévèrement puni, tandis que le *slicer* avait à se tirer d'affaire au milieu de terrains sablonneux et d'obstacles de toutes sortes.

Il serait à désirer que l'on donnât aux links un aspect aussi naturel que possible. La position des obstacles doit être calculée d'après la connaissance du jeu, mais on doit leur garder une forme, bien qu'elle ne comporte aucune importance réelle, quelque peu artistique ; à vrai dire, il importe aussi peu de perdre un coup dans une petite fosse bien ronde que dans un bunker énorme de sable. Bien que j'aie plaidé pour le rétablissement du bunker transversal, qui rendrait au golf son coup caractéristique, je ne désire pas la réapparition de la série de bunkers à face raide qui s'étendaient autrefois en lignes monotone. Une chaîne de trois ou quatre petits bunkers, à profil irrégulier, est plus agréable à la vue et produit les mêmes résultats. Il en est de même en ce qui concerne la protection du green.

Des petits *bunkers*, distribués çà et là sur les côtés du parcours, semblent exercer sur le joueur une attraction magnétique qu'il doit apprendre à surmonter. Comme exemple on peut citer le petit bunker creusé sur la plaine du neuvième trou de Saint-Andrew. Il n'est guère plus grand qu'un billard et, pourtant, le nombre de balles qui vont s'y loger est étonnant. Pour les terrains éloignés de la mer, le système que je préconise a une grande difficulté d'exécution, à cause du prix du sable. C'est là un luxe coûteux et les fonds de bien des clubs ne permettent pas de renouveler très souvent ce sable que les golfeurs dispersent à tous les vents. Les obstacles gazonnés ont du bon ; on les construit de même taille et de même forme que les bunkers, mais ils sont formés principalement de gazon grossier au lieu de sable. Il est plus difficile, je l'ai déjà dit, de sortir une balle du *rough* que du sable. Le principal défaut des obstacles gazonnés, c'est, qu'en hiver, ils retiennent beaucoup l'humidité ; pourtant si le terrain est soigneusement drainé, ils ne doivent pas être plus mouillés que le reste du parcours.

Cependant le sable est le vrai sol d'un bunker, mais là où cet obstacle sera creusé et formé de main d'homme, il faudra tenir compte des considérations suivantes. La surface de l'obstacle est souvent de plain-pied avec le *fairway*, tandis qu'un talus se dresse par-derrière comme un rempart protégeant un fort. Ceci peut être bon pour le *drive*, mais ce n'est pas le genre de bunkers à recommander pour les approches. Il est presque aussi simple de creuser sur le devant en faisant remonter doucement le terrain jusqu'au niveau du green. Le trou reste alors en vue du joueur de quelque côté qu'il approche. La vue du trou est d'une extrême importance, car il est presque impossible, par un simple coup d'œil jeté sur le drapeau, de juger la longueur du coup à jouer. Si vous visez le drapeau sans voir le trou ce n'est qu'une affaire de chance. Le golfeur, placé à un endroit d'où le trou est quelque peu masqué, fera bien d'avancer jusqu'à ce qu'il aperçoive le point où le drapeau est enfoncé dans le green.

Les tertres qui sont en faveur depuis un an ou deux sont bons, s'ils sont correctement dessinés. Un club, décidé à adopter ce moyen de varier la monotonie de son terrain, fera bien de suivre l'exemple du cercle qui les a inaugurés, celui de Mid-Surrey. Bien des clubs ont aménagé des tertres de mauvaise forme, à pente raide, qui font rebondir la balle dans toutes les directions ; de plus ces obstacles ont un aspect artificiel et ressemblent à des cônes semés en désordre sur le terrain. Un autre point digne d'attention c'est qu'au lieu de faire des *puttings greens* plats, on aura soin de les onduler. De nos jours, dans bien des clubs, le putting green ressemble à une table de billard, et je crois que le *putting* en souffre. Je crois posséder — à juste titre — la réputation peu enviable de mauvais *putter*, mais je réussis certainement mieux quand j'ai devant moi une pente plutôt qu'un terrain plat. La raison en est que sur un sol incliné, le golfeur se croît obligé de réfléchir avant de jouer, tandis que sur un terrain plat, il joue un peu à la légère. Pour bien *putter* il faut concentrer toute son attention sur le jeu ; il n'y a pas d'autre moyen de réussir.

Voici donc l'exposé de mes idées sur l'aménagement d'un terrain moderne. En résumé, on doit s'efforcer de pousser le joueur à enlever sa balle autant que possible au départ du *tee* ; de la sorte il ne tardera pas à réussir le coup de fer ou de mashie ; c'est la disparition de ce coup qui a, en grande partie, fait baisser le jeu de golf. Nous pouvons restituer au golf une grande partie de ses qualités d'antan, en introduisant dans le jeu des obstacles bien choisis et judicieusement placés et en nous opposant à la balle lancée à ras de terre. Ce coup, introduit par la balle en élastique, a été facilité dans bien des endroits par la suppression du bunker transversal.

CHAPITRE III

L'ÉQUIPEMENT — DÉTAILS IMPORTANTS

LE golf est un jeu étrange qui ravit et irrite le joueur ; il l'exalte dans la conscience de sa force, puis le réduit au désespoir ; il le fait passer par des alternatives d'enchantement et d'abattement. C'est là le secret de sa séduction ; il ouvre à tous des horizons d'espoir illimités. C'est une consolation toujours nouvelle, pour le golfeur à la recherche du succès, de pouvoir essayer un autre instrument, si celui qu'il emploie ne lui donne pas satisfaction. Il n'y a, je suppose, aucun golfeur, bon, mauvais ou médiocre qui ne croie à la possibilité de découvrir de meilleurs instruments que ceux qu'il possède déjà. Je connais un champion, qui, au début d'une saison, s'équipa entièrement à nouveau, abandonnant tous ses clubs qui l'avaient bien servi pendant des années, simplement parce qu'il était mécontent de son jeu.

L'avantage principal d'un nouveau club c'est qu'il vous donne l'impression qu'on recommence à nouveau sa carrière. Cette idée ne tient sans doute qu'à l'imagination, mais l'imagination joue un grand rôle dans le golf ; un joueur peut faire d'excellents coups avec un club qu'il n'a jamais employé auparavant, pour la seule raison que l'instrument lui plaît. Il se persuade que cette cause est celle qu'il cherchait depuis des mois et cela suffit pour améliorer son jeu.

L'expérience seule enseignera au golfeur quels sont les instruments qui lui conviennent le mieux ; il ne se rendra compte que par lui-même si ses instruments ne nuisent pas à son jeu. Le débutant, en faisant l'achat de ses clubs, un *brassie*, un *fer*, un *mashie*, un *putter*, les essaye, les brandit, les trouve excellents ; il part tout heureux. A sa première leçon, on lui enseignera peut-être à les manier autrement qu'il ne l'a fait dans le magasin et déjà leurs qualités diminuent à ses yeux pour s'évanouir ensuite tout à fait. Leur poids le fatigue, elles sont ou trop courtes ou trop longues, trop épaisses ou trop minces, bref elles sont détestables. Le novice ne peut mieux faire que d'emprunter le club d'un professionnel et de l'étudier à fond, afin de découvrir les différentes particularités qu'exige son jeu et en tenir compte dans l'achat de ses propres clubs. D'ailleurs, le professionnel lui donnera au bout de dix minutes tous les renseignements nécessaires à ce sujet.

Supposons que le joueur se trouve en possession de tout son équipement et qu'il s'inquiète de savoir s'il possède ce que le commerce peut fournir de meilleur. On rencontre très souvent des golfeurs employant des clubs en bois avec différents degrés de *lie*. Chacun doit découvrir par lui-même le *lie* qui lui conviendra le mieux, choix qui varie même parmi les champions. Généralement le *lie* doit être moyen, ni trop droit ni trop plat, quant au reste on choisira suivant ses préférences personnelles. Mais quand il aura découvert le *lie* idéal pour son driver, le joueur devra avoir soin que son brassie ait aussi le même *lie*.

Pourtant il existe très souvent une différence qui fait pousser ce cri de désespoir : « Hélas ! je n'arriverai jamais à me servir d'un brassie ». Le malheureux joueur adopte en vain la même position, exécute le même *swing* pour jouer le même coup avec deux crosses qui en réalité n'ont rien de commun. Si le *driver* est à angle plus droit que le brassie et que le joueur prenne la même position dans les deux cas, ce qu'il fera tout naturellement, seule la pointe du brassie touchera le sol pendant qu'il vise. Il pourrait obvier à cette difficulté en changeant sa position pour chaque club, mais pourquoi se donner une peine qu'on pourrait éviter en se procurant un brassie et un driver à angle identique.

Je crois que la plupart des golfeurs tiennent à ce que le manche du *driver* soit un peu plus souple que celui du brassie. Ceci ne veut pas dire qu'il doive plier comme une canne, mais une certaine flexibilité facilitera le *swing* tout en le rendant plus agréable et plus fort. Cette souplesse lui sera précisément utile, parce que le driver, pendant l'exécution d'un *tee shot*, ne doit pas prendre contact avec le sol. Le brassie aura, par contre, un manche plus lourd et plus rigide car, pour certains coups et sur un sol défavorable, il faut parfois arracher des mottes de terre. Dans ce cas un manche trop souple plierait, ce qui causerait des désastres dans le jeu. Après de longs services un club semble posséder une certaine vivacité et nous n'aimons pas à nous séparer de ce vieux serviteur, surtout s'il possède un manche excellent. Mais on devra surveiller le brassie justement à cause de sa tendance à devenir trop flexible ; on fera bien alors de le convertir en *driver*, office qu'il remplit souvent très bien.

On ne doit pas oublier que le driver, employé quotidiennement, devient, lui aussi, trop souple ; on s'en sert généralement 4 ou 5 fois plus que du brassie et cet usage constant développe en lui une grande élasticité. Le golfeur attentif devra donc faire attention à ce point qui est d'une certaine importance ; il aura besoin d'observer les changements qui se produiront dans ses instruments, surtout dans les clubs en bois qui, à cause de leurs manches moins résistants, se modifient avec plus de rapidité que les clubs en fer.

Il est prudent d'emporter toujours deux drivers, l'un assez rigide et l'autre de souplesse moyenne. Chaque joueur a des moments d'enthousiasme où il croit pouvoir accomplir sur les links toutes les prouesses du monde, et au début du jeu il s'aperçoit que ses coups n'ont après tout rien d'extraordinaire ; la raison en est dans sa trop grande excitation qui lui fait manier son instrument avec la rapidité de l'éclair. C'est alors qu'il fera bien d'employer l'autre *driver*, plus rigide et qui agira sur son jeu comme un frein. Puis, revenu à plus de calme et de modération dans ses drives, il pourra alors reprendre le premier club qui mettra plus de vie dans son jeu. J'ai éprouvé, en bien des occasions, la vérité de ces observations et on ne peut donner de meilleur conseil que celui d'employer deux drivers, dont l'un nous servira admirablement dès que l'autre aura cessé de nous plaire. La raison se trouve dans les variations du *swing* auquel personne ne donne, deux jours de suite, exactement la même vitesse.

Ce sont des points auxquels les professionnels accordent toujours leur attention, ce qui n'est que juste. Comme ils tirent du golf leurs moyens d'existence, il est naturel qu'ils aillent, plus que les amateurs, au fond des choses et essayent de tirer au clair ces questions de cause à effet, tandis que l'amateur se contente de jouer sans s'inquiéter du pourquoi. Il viendra rarement à l'esprit de l'amateur que la vitesse du swing peut nuire à son drive et que, s'il ne possède qu'un driver, rien ne l'empêche de jouer un *tee shot* avec un brassie.

Les professionnels sont arrivés depuis longtemps à la conclusion que les clubs en bois employés par des joueurs médiocres sont généralement trop longs. Il est plus facile de se servir d'un driver court que d'un long ; on doit, avec le premier, pouvoir mieux concentrer son esprit sur la tâche à accomplir qu'avec un instrument plus long et par conséquent plus difficile à manier. Pourtant je ne voudrais pas dogmatiser sur ce point. Certaines personnes savent très bien se servir de longues crosses ; c'est une tâche assez difficile, mais elles en viennent à bout ; qu'on les laisse donc jouer en paix.

Les clubs en fer doivent être assez rigides, c'est-à-dire sans souplesse appréciable. Ils ont à effleurer le sol, souvent même à y pénétrer pour l'exécution de chaque coup. Un instrument qui plie ne pourrait servir à creuser le sol, même si peu que ce soit. Certains hérétiques vont ici tomber sous le coup de la condamnation d'un golfeur consciencieux. Ce sont les gens qui n'emploient que des fers même en partant du tee. Ils n'agissent pas seulement contre toutes les règles et contre leurs intérêts, mais ils font preuve de lâcheté. Ils pensent ne pouvoir maîtriser le driver et ils ne peuvent se résoudre à en apprendre l'emploi. Ils cherchent à esquiver les difficultés du jeu en accomplissant les *tee shots* avec un *driving mashie* ou un instrument du même genre. Ce ne seront jamais de bons joueurs et ils ignoreront toujours la jouissance que procure le golf.

Pour un joueur de quelque expérience, l'instinct est le meilleur juge dans le choix du club. Une fois l'instrument en main, on peut généralement dire si c'était celui qu'on cherchait depuis longtemps. C'est du moins ainsi qu'on procède d'ordinaire ; il y a cependant des joueurs qui jugent des instruments d'après leur apparence. Ils sont souvent déçus ; l'aspect extérieur ne devrait avoir aucune influence sur l'esprit de l'acheteur. Un club qui n'est nullement agréable à l'œil se trouve parfois être le meilleur de tous. Le bois de lance fait de très jolis manches, qui jouissent d'une faveur toute spéciale auprès du public. Pourtant malgré la beauté de ce bois, je n'en recommanderai pas l'emploi ; quoiqu'il possède la rigidité désirable, il est trop lourd pour les clubs en fer et ce même défaut le rend impropre à la fabrication du *brassie*. On peut lui faire perdre quelque peu de son poids en limant le manche près de la tête, mais le résultat n'est pas toujours heureux. De plus, ce bois est d'une telle dureté qu'il est souvent difficile de faire adhérer pendant longtemps la tête et le manche du club. Si d'autres bois venaient à manquer, je ne crois pas que celui-là pourrait les remplacer avantageusement ; aussi pouvons-nous nous déclarer heureux, tant que nous aurons, pour la fabrication de nos clubs, du noyer blanc d'Amérique.

Le jeu de golf est composé de détails, et c'est à celui qui en considère les points les plus infimes, qu'appartient la victoire. La bataille est déjà aux trois quarts gagnée, si l'on accomplit correctement le swing avec de bons instruments, et, quand des deux côtés, on trouve réunis ces deux éléments nécessaires, le vainqueur sera celui qui accordera le plus d'attention aux détails d'apparence secondaire. Prenons par exemple la question des préparations sur le *tee*. On voit souvent un golfeur de premier ordre, examiner en tous sens cet espace restreint, comme s'il cherchait un endroit bien gazonné pour surélever sa balle. Son goût dédaigneux étonne les spectateurs et ils se félicitent de n'être pas assez célèbres pour justifier pareille affectation. Mais le bon golfeur n'est pas assez naïf pour rechercher avec autant de soin un pouce carré de gazon où déposer un peu de sable. Il essaye simplement le sol avec ses pieds pour trouver une position confortable ; c'est la seule occasion où il a le choix et il veut en tirer tout le profit possible. Il tient les yeux fixés à terre, pour ne pas les lever au ciel ou avoir l'air de dévisager les spectateurs. Il suffit d'une position incommode pour faire un mauvais drive, et pourtant je suis certain que nombre de golfeurs attachent plus d'importance au carré de gazon, sur lequel ils posent leur balle, qu'à la position qu'ils prennent sur le *tee*. On voit souvent aussi un joueur changer sa balle de place en s'apercevant qu'il ne peut pas jouer dans la position qu'il a choisie. Ce changement est déconcertant, il vaut mieux choisir tout d'abord avec soin la meilleure place possible.

Bien peu de cadets savent faire un tee. La balle doit être posée sur le sable de manière à le cacher complètement ; elle doit apparaître bien en relief comme si elle ne reposait sur rien. Cette illusion d'optique facilite la tâche du joueur ; il a ainsi plus de confiance pour frapper, car son œil n'est pas attiré par la base de l'objet qu'il vise. On voit souvent des joueurs qui, trouvant leur balle trop surélevée, la renforcent dans le sable ; on gâte souvent un coup de cette manière, quand il suffirait d'équilibrer convenablement la balle pour pouvoir la bien jouer.

Le lecteur, qui prend les choses à la légère, concluera sans doute qu'en donnant ces conseils, je me perds dans des détails minimes. On ne saurait trop répéter que les meilleurs joueurs doivent une grande partie de leur succès à l'attention qu'ils donnent aux détails. Le joueur, qui refuse d'accorder à la position à prendre sur le tee toute l'importance qu'elle mérite, restera toujours avec un handicap élevé. Non pas qu'il suffise pour faire un bon joueur de se conformer à ces recommandations — le jeu serait trop facile si un bon drive ne dépendait que d'un bon tee — mais sa tâche sera facilitée dans son ensemble. Je suis sûr que personne ne fera de véritables progrès sur les links, à moins de mettre beaucoup de réflexion dans son jeu et de chercher la raison des fautes commises, afin de pouvoir les réparer.

Il est également important pour le golfeur de considérer de quel côté du teeing ground il devra jouer. Et pourtant combien peu s'en inquiètent. La majorité d'entre eux choisissent un point vers le milieu de l'espace compris entre les disques. Pourtant, si un terrain hors des limites du parcours se trouve à droite ou à gauche, il vaut mieux éloigner votre tee autant que possible de cette région dangereuse. « Hors des limites » ! Voilà qui magnétise le joueur et semble attirer sa balle. Il faut s'éloigner de cette zone dangereuse, aussi loin que le permettent les limites du teeing ground. Si vous jouez avec intention un slice, il vaut mieux surélever la balle à droite du point de départ, vous avez ainsi plus de place pour viser. On doit viser vers un point invisible dans l'air ; il n'existe qu'un point où le vent soutiendra votre balle et aidé par le slice ramènera la balle sur le parcours. De même pour le pull, il est préférable de jouer à gauche du teeing ground.

Personnellement, je recommande une poignée très peu épaisse pour le manche de toutes les cannes ; pendant quelque temps j'ai essayé la poignée épaisse, mais j'y ai vite renoncé. Je ne conseille pas non plus les manches spéciaux façonnés de manière à montrer où placer les doigts ; au premier abord, cette forme peut paraître excellente, mais elle facilite trop la tâche du golfeur. Pourquoi le manche doit-il être rond ? Pourquoi ne peut-il pas être fabriqué de façon à montrer comment tenir le « club » ? C'est parce qu'un tel système favorise la paresse de l'esprit en ne lui laissant aucun effort à accomplir, bien plus, qu'il habitue le joueur à tenir le manche beaucoup plus serré. Ce manche est en effet si facile à manier qu'instinctivement on le serre trop fort, beaucoup trop fort avec tous les doigts. Le manche rond est plus difficile à manier ; par conséquent le joueur fait plus attention à ce qu'il fait. D'autres considérations infimes, souvent dédaignées, ont aussi leur importance. Par exemple, on a raison de porter des bretelles, à condition de les bien choisir ; avec l'entraînement elles doivent acquérir assez de souplesse pour participer au swing dans toutes ses phases et, alors, elles contribueront à sa réussite. Je n'essayerais pas plus de disputer un championnat avec une paire de bretelles neuves, que de faire les quatre tours en marchant sur ma tête. Presque tous les professionnels ont des bretelles, qui s'adaptent à merveille à leurs mouvements et qui sont appréciées comme des trésors. Elles manquent peut-être d'élégance, mais leur possesseur ne les changerait pas contre les plus beaux modèles du jour. Il n'est rien de pire au monde, que d'avoir à former au golf une paire de bretelles neuves.

Certains joueurs préfèrent les ceintures. A mon avis ces dernières laissent trop de jeu aux épaules et favorisent ce défaut fatal : l'exagération du swing. Les bretelles sont préférables, mais elles doivent ne faire qu'un avec leur maitre.

Quant aux chaussures, je donne la préférence aux souliers si l'on a recours à ses chevilles pour jouer ; j'en recommanderai l'emploi au commençant, pour lui permettre de faire tourner la cheville gauche correctement. Les souliers d'ailleurs lui facilitent la tâche ; mais si le joueur, après avoir surmonté cette difficulté, veut porter des bottines, je ne veux pas l'en dissuader. Braid et Taylor portent toujours des bottines. Personnellement, je préfère les souliers ; j'aime à avoir les chevilles libres, car elles me servent beaucoup dans mon jeu. En tous cas, les semelles très épaisses sont mauvaises. Pendant le swing ascendant, le pied gauche tourne assez considérablement, c'est pourquoi la chaussure doit plier un peu, ce qui est impossible si le pied est serré comme dans un étau. De même, lorsque vous ne pouvez pas donner à votre cheville gauche la position voulue sans pousser votre talon en dehors, cela peut venir de ce que votre semelle est trop épaisse

Les cols ne manquent pas non plus d'une certaine importance dans l'habillement du golfeur. Il est peut-être plus correct d'avoir quelque chose autour du cou, mais ce quelque chose est condamnable dès qu'il mesure deux pouces ou plus de haut. La plupart des professionnels font faire leurs cols à leur goût ; un pouce est suffisant comme hauteur. On voit des golfeurs jouer avec des cols très hauts, ce qui est déplorable pour le jeu. Lorsque le golfeur met le club en arrière, son col l'oblige à incliner la tête de côté, d'où résulte la fatale habitude de remuer tout le corps. La base du cou doit tourner avec le corps, pendant que la tête demeure immobile : un col haut ne permet pas l'exécution de ce mouvement.

Je n'ai rien à dire sur la brûlante question des pantalons et des culottes, si ce n'est que ces dernières donnent plus de liberté à la jambe et aux chevilles, ce qui est un argument en leur faveur. Je n'ai pas non plus de genre spécial de cravate à recommander ; du reste j'ai maintenant épuisé le chapitre des vêtements et des clubs, sur lequel je ne me suis pas montré trop intransigeant. Mais je sais par expérience que chacun des points, que je viens d'étudier, signifie parfois la perte ou le gain d'un coup et, faute d'un coup, on partage souvent un trou au lieu de le gagner.

CHAPITRE IV

J'AI constaté, au début de ce livre, que le golf est un jeu plus facile aujourd'hui qu'il ne l'était autrefois. On n'en devra pas conclure que le sommet de l'art soit aisément atteint, même de nos jours on n'y parviendra qu'après de patientes études. Depuis quelques années ce jeu est devenu la distraction favorite des gens affairés et ils prétendent ne pas vouloir perdre leurs précieux loisirs à prendre des leçons et à pratiquer le même coup un nombre de fois indéterminé. Ils veulent prendre part à des « matches » dès qu'ils se sont aventurés sur les links. Il n'est pas exagéré de dire qu'il s'est formé une nouvelle classe de golfeurs depuis l'apparition de la balle en élastique. Ils se chiffrent par milliers et se font remarquer par l'extrême négligence de leurs coups ; cette négligence est dûe, je suppose, à la réputation de la balle en élastique souvent très indulgente aux mauvais joueurs. Beaucoup d'entre eux déclarent ne rechercher que l'exercice et se soucier peu d'être de mauvais joueurs.

Ils expriment généralement ces sentiments quand ils viennent d'être bien battus. Sans doute il y a peu de golfeurs assez dénués d'ambition pour ne pas chercher à faire des progrès, mais beaucoup croiraient gaspiller leur temps en prenant des leçons, quand ils pourraient l'employer à disputer des parties excitantes. La facilité avec laquelle on envoie la balle à de longues distances, a développé cet esprit d'insouciance. Pourtant, si le golfeur était assez raisonnable pour prendre des leçons au début de sa carrière, il remporterait par la suite des victoires, là où il n'essuye que des défaites. On rencontre souvent sur les links des personnes avec lesquelles nul ne veut se mesurer ; ils tiennent mal leur club, du reste ils font presque tout de travers. Ces gens s'étonnent de n'avoir pas fait de progrès appréciables au bout de six mois.

Cette catégorie de joueurs est si nombreuse que je crois utile de faire ressortir, dans ce chapitre, quelques points qui les aideront peut-être à corriger leurs défauts. On a prétendu qu'on devait, en jouant, observer 99 règles et, qu'en omettant une seule d'entre elles, on risquait de manquer le coup. Je ne vais pas si loin, je me bornerai à dire au golfeur qui s'attarde dans un long noviciat sans comprendre la raison de son manque de succès, qu'il doit avant tout donner son attention à ces deux points principaux : bien tenir son club et garder la tête immobile. Si vous maîtrisez ces deux difficultés, vous pourrez être sûr de faire en tous cas certains progrès, car la plupart des fautes dans le golf, peuvent être attribuées à une méthode défectueuse dans la manière de tenir le club et dans le mouvement de la tête. Il y a évidemment d'autres points à considérer dans la suite, mais le joueur qui observe ces recommandations de premier ordre est certain de progresser, celui qui, au contraire, les néglige, n'avancera jamais.

De ces deux règles, la plus importante est l'immobilité de la tête jusqu'à ce que la balle ait été frappée. Si la tête bouge pendant que le club exécute le swing ascendant, le corps remuera et sera dérangé dans son équilibre, et ce mouvement causera presque toujours un mauvais coup. Quelques-uns, parmi les très bons joueurs, s'écartent de cette règle, mais le fait de s'en abstenir prouve leur talent supérieur. Car bien jouer, en faisant fi de certaines lois réglementant le style, est un véritable tour de force qui laisse à leur auteur le droit de s'insurger contre les règles.

A l'ancien axiome : « fixez l'œil sur la balle » je substituerai : « gardez la tête immobile », car en ne la bougeant pas, il y a peu de chances pour que l'œil remue et, de plus, vous pouvez donner plus facilement au corps un mouvement correct. Dès qu'on commence à remuer la tête tout va mal, le corps se met à bouger et il devient impossible d'exécuter un swing correct.

C'est là, une vérité élémentaire dont sont convaincus bon nombre de golfeurs, mais il en reste des milliers qui n'ont jamais compris son importance. Il existe une autre catégorie de joueurs qui, persuadés de l'excellence de cette vérité, croient la mettre en pratique, bien qu'ils n'en fassent rien. Quand ils entendent le professeur leur dire au cours d'une leçon : « mais ne remuez pas la tête », ils protestent, indignés, contre cette inutile recommandation. Il est souvent difficile de les convaincre de leur erreur, ils sont de parfaite bonne foi. Certains, au contraire, s'acharnent à maîtriser cette difficulté. J'ai connu un joueur qui se faisait attacher la tête à un arbre et quand il recevait une secousse — certaines devaient être assez fortes pour lui disloquer le cou —, il avait la preuve qu'il avait commis une fois de plus son ancienne erreur. Un autre joueur s'avisa d'un moyen extrêmement ingénieux. Il fixa, à un bouton de son gilet, un élastique qu'une secousse devait suffire pour détacher. Il serrait entre ses dents l'autre extrémité du caoutchouc, qui se trouvait ainsi suffisamment tendu, et il jouait. Dès qu'il tournait la tête, l'élastique, disait-il, lui sautait au visage ; mais dans sa théorie il oubliait que son corps devait remuer en même temps que sa tête.

Un troisième joueur, afin de perdre l'habitude d'étendre trop les bras, s'était attaché une épaisse bande de caoutchouc d'un coude à l'autre ; mais il y avait un autre danger à craindre, c'était de trop rapprocher les bras. Les bras toutefois ont beaucoup moins d'importance que la tête, dont on doit avant tout exiger la parfaite immobilité. Je ne crois pas beaucoup de joueurs capables de s'attacher à un arbre pour corriger leurs défauts. Mais je connais un moyen aussi simple qu'ingénieux et qui suffira parfaitement pour obtenir l'immobilité absolue de la tête. C'est un appareil d'une telle simplicité que je m'étonne qu'on ne l'ait pas inventé plus tôt; le golfeur ne l'aperçoit même pas en jouant et, qu'il ait remué la tête ou qu'il l'ait tenue immobile, il en est averti tout aussitôt.

Le lecteur pourra être tenté de sourire en lisant la description de cet appareil. Je puis seulement l'assurer que je l'ai employé pour le bien de plusieurs golfeurs et que les résultats se sont toujours montrés excellents. Aucun mérite ne me revient d'ailleurs dans cette invention, qui est l'œuvre du colonel Quill. Celui-ci se mit à l'âge de 56 ans à jouer au golf et, avec l'aide de son correcteur, devint *scratch* en dix-huit mois. La plus grande difficulté, pour les gens d'un certain âge qui commencent le golf, surtout ceux qui ne se sont pas auparavant exercés au cricket ou à quelque autre jeu, consiste à tenir la tête immobile. Leur corps perd de sa souplesse et ils éprouvent beaucoup de peine à mouvoir le torse.

Ils doivent cependant y parvenir, s'ils veulent faire quelque progrès. S'ils ne tournent pas le corps, ils le bougent généralement en même temps que la tête, s'éloignant ainsi de la balle, car il leur faut faire un mouvement en arrière pour se préparer à frapper la balle. Ce faisant, ils commettent une grosse faute dont ils doivent arriver à se défaire.

J'en arrive maintenant à la description de l'appareil dont j'ai parlé plus haut. Le colonel Quill se procura une tige de cuivre creuse, d'environ 3 pieds de long, dont l'une des extrémités devait être plantée en terre. Il pratiqua, à un pied de l'extrémité supérieure jusqu'au bas de la colonne, une incision d'une largeur d'un pouce environ. Du gros fil, un petit morceau d'étain et un hameçon complétèrent l'attirail. On introduisit le fil dans la colonne, au bas de laquelle on fixa le morceau d'étain, visible du dehors. Le fil était assez long pour que l'autre extrémité put être attachée par le hameçon à la casquette du joueur, debout dans la position voulue.

Ceci peut paraître étrange, mais on ne peut avoir aucun doute sur la valeur de l'instrument qui rend de grands services, non seulement au joueur médiocre, mais encore au joueur expérimenté qui, sachant qu'il commet des fautes, en veut connaître exactement la raison. Les leçons et les conseils d'un professeur n'en sont pas moins utiles, mais cet appareil permet au joueur de constater par lui-même s'il bouge la tête, mouvement d'où résulte tant de mauvais coups.

Maintenant, examinons cet appareil à l'œuvre pour nous persuader de son excellence. Le joueur prend donc la position réglementaire, le fil attaché à sa casquette est tendu de là jusqu'au bas de la colonne ; cette tension doit cependant avoir un peu de jeu. Le golfeur, les yeux fixés sur sa balle, n'aperçoit rien de l'appareil. Il exécute le swing. Qu'arrive-t-il ? S'il remue la tête, le morceau d'étain remonte le long de la colonne, l'avertissant par ses tintements de la faute commise, le mettant ainsi dans l'impossibilité de la nier. Il peut continuer le coup commencé, mais il y a peu de chance pour qu'il soit bon. Son seul espoir de salut est désormais de jouer et de rejouer jusqu'à ce qu'il n'entende plus le bruit indicateur ; ce but atteint, il aura maîtrisé la plus grande difficulté que rencontre la moyenne des joueurs. On commet évidemment d'autres fautes, mais elles sont incomparablement plus faciles à corriger que celle dont nous nous occupons. Si le joueur ne peut aller sur les links plus de deux fois par semaine, rien ne l'empêche de pratiquer le swing avec l'appareil du colonel Quill, dans son jardin ou même dans son appartement, s'il est assez ingénieux pour trouver un moyen de faire tenir la tige de cuivre sur un plancher. Dans un espace aussi restreint, il ne peut pas être sûr, à moins d'employer une balle captive, de ne pas *topper* ou même manquer la balle, mais si, dans ses efforts, il ne fait pas sonner le métal, il saura qu'il avance dans la voie du progrès.

J'ai d'abord insisté sur le fait qu'on doit tenir la tête immobile en jouant, car le contraire entraîne toujours une série de fautes ; mais, comme je l'ai dit plus haut, il est nécessaire aussi d'apprendre à bien tenir le *club*. Il y a d'ailleurs deux façons correctes de l'empoigner : l'ancienne étreinte (*grip*) ou étreinte double par laquelle les mains se rencontrent sur le manche sans se couvrir et l'étreinte enchevétrée, qui est adoptée aujourd'hui par presque tous les professionnels de marque. Ces deux étreintes ont la forme d'un V dessiné par le pouce et l'index le long du manche.

C'est ici que nous arrivons au point important de l'étreinte ; que les mains s'enchevêtrent ou non, le pouce et l'index doivent dessiner ce V. Certains joueurs tiennent leur club comme ils empoigneraient une corde pour un *tug-of-war*. Ils serrent leur instrument dans la paume de la main et les jointures des doigts sont cachées sous le manche. Cette méthode est défectueuse, car le joueur pour rejeter son club en arrière, doit desserrer tous les doigts, relâchant ainsi son étreinte. Aussi vous devez, si vous préférez l'ancienne étreinte, avoir les deux V bien en évidence et vous rappeler que vos mains doivent être serrées l'une contre l'autre. Si vous les écartez un tant soit peu, autant vaudrait avoir un club dans chaque main et que chacune exécute un mouvement différent.

C'est donc maintenant un fait bien établi : l'étreinte enchevêtrée est particulièrement à recommander, car avec cette méthode les deux mains n'en font véritablement plus qu'une seule. Avec un peu de patience au début — si l'on éprouve quelque difficulté — on parviendra très vite à les joindre, si bien qu'elles se réuniront d'elles-mêmes par la suite. Les illustrations ci-jointes expliqueront mieux ce que je veux dire, que je ne saurais le faire avec des mots. Le meilleur moyen de réussir l'étreinte enchevêtrée est de prendre le club dans la main gauche, en serrant le manche avec la phalange supérieure de l'index. Comme le poignet doit être tourné de façon à montrer les articulations, le pouce forcément dépassera le manche ; ramenez-le en arrière et placez-le le long de ce manche. Vous tenez donc le pouce gauche fermement appuyé sur le club, en même temps que l'index y exerce une solide pression ; la phalange de ce doigt doit serrer le plus fort. Ce sont les petits doigts qui doivent nous servir de guides, mais leur force doit être annihilée. On laissera donc le second, le troisième et le petit doigt se ranger de façon naturelle, après que le pouce et l'index auront pris la position indiquée. Pour la main droite, on utilise la base du pouce — cette protubérance si utile — qu'on place sur le pouce gauche, dont on ne doit apercevoir que l'extrémité. Les trois premiers doigts de la main droite enserrent le manche et le petit doigt appuie fermement sur l'index de la main gauche, de cette façon tous les doigts sont parfaitement unis. On a souvent dit que cette étreinte m'était particulièrement favorable parce que j'ai les doigts très longs ; à mon avis, la longueur exagérée des doigts est un désavantage, car on ne sait pas où les placer. Chacun peut adopter cette méthode et, en théorie du moins, on reconnaîtra qu'elle est correcte. Je ne saurais décider si l'une des mains joue un rôle plus important que l'autre ; de nombreux joueurs donnent plus d'importance à la main gauche. Mais la droite doit étreindre le club avec fermeté et à vrai dire le rôle des deux mains doit avoir la même importance. En aucun cas les mains ne devront desserrer leur prise, mais il va sans dire qu'on ne devra pas les presser contre le club avec une force capable d'en chasser le sang.

J'ai essayé tous les moyens possibles de tenir le club, mais celui que je viens de décrire est à mon avis incontestablement le meilleur. Je l'ai pratiqué pendant un an avant de l'adopter définitivement, et j'ai été récompensé de mes efforts au-delà de mon attente.

Il n'est pas de meilleure préparation pour le commençant que de jouer pendant un mois ou deux sans faire une seule partie. Si le goût lui vient décidément au bout de ce temps-là, il progressera rapidement, en prenant des leçons et en pratiquant ce qu'il aura appris.

Un novice capable de s'imposer une telle contrainte — au lieu de donner libre cours à son désir de disputer des matches — fera des progrès beaucoup plus sensibles que celui qui saisit toutes les occasions de se mesurer avec d'autres. Ceux qui ont suivi ces conseils, et il s'en trouve heureusement quelques-uns, sont arrivés en très peu de temps à réaliser de grands progrès et à manier habilement les clubs dont on se sert le plus souvent ; c'est à quoi devrait s'appliquer le néophite au lieu d'essayer des coups compliqués. Le commençant doit avant tout apprendre à tenir ses clubs, à jouer sans remuer la tête et à exécuter correctement le swing. Le reste viendra plus tard et dépendra en grande mesure de ses dispositions naturelles pour le jeu et des occasions qu'il aura de les développer. Mais le plus souvent, c'est en apprenant consciencieusement les règles fondamentales du jeu qu'il arrivera au succès en peu de temps. S'il n'est pas capable de cet héroïsme, il lui faudra beaucoup plus longtemps pour s'inculquer ces principes. Celui qui commence mal et qui joue mal pendant plusieurs mois, peut être considéré comme un joueur perdu, car, dans ces conditions, il lui est presque impossible d'assurer son salut.

CHAPITRE V

Les coups les plus faciles sont, je crois, ceux qu'on joue du *tee* avec un *brassie* et du *fairway* avec un fer. C'est pourquoi je conseillerai au débutant et au golfeur déjà résigné à la médiocrité de se décider tout d'abord à bien apprendre ces deux coups. Ils ne sont pas difficiles, mais ils sont impossibles à réaliser tant que le joueur n'aura pas appris à exécuter un *swing* correct — mouvement qui n'a d'équivalent dans aucun autre sport. A la vérité c'est un art et il n'y a qu'un moyen de l'exécuter correctement. On entend parler de variations dans le swing, mais la base en est immuable. Il y a quelques années on parlait du swing de Saint Andrew ; il consistait à passer rapidement le club autour des jambes aussi loin que les bras le permettent sans remuer le corps, puis à ramener l'instrument au même point afin de pouvoir le lever commodément. Cela revient à dire qu'on doit s'écarter de la voie pour revenir prendre le bon chemin. Quand le swing supérieur est aux trois quarts accompli, les adeptes de la méthode de Saint-Andrew se trouvent exactement au même point qu'un autre bon joueur, au degré correspondant du swing ordinaire. Ce dernier est simplement arrivé droit à ce point, tandis que l'autre y parvient par un chemin détourné. On entend parler d'un joueur ayant un swing horizontal. Cela signifie encore une fois que le joueur prend une voie qu'il est ensuite obligé d'abandonner, mais une personne qui ne peut exécuter qu'un demi swing ne fera jamais un golfeur de première classe.

Je ne veux pas dire que les variations, que je viens de mentionner dans la première partie du *full swing*, font nécessairement manquer le coup. Non, mais elles sont inutiles et il est certain que, pendant le dernier quart du mouvement ascendant et de là jusqu'au moment de frapper la balle, il n'y a qu'un chemin à suivre et c'est celui-là que prennent tous les bons joueurs.

Certaines personnes prétendent que la meilleure manière d'apprendre le golf est d'en commencer l'étude par la fin. C'est-à-dire que le débutant apprend d'abord à *putter* et continue dans l'ordre inverse ; il apprend à manier le *mashie*, puis le fer, puis le *cleek* pour finir par le *full swing* avec les instruments de bois. Au premier abord, on serait presque tenté d'approuver cette idée. D'abord elle est nouvelle et la nouveauté exerce toujours une certaine attraction. En tous cas, le joueur apprend à frapper la balle de plus en plus loin et à augmenter l'ampleur de son *swing*, ce qui est un argument en faveur de cette méthode. Il y a quelque apparence de logique à commencer modestement par les choses simples pour finir par les plus compliquées.

Un peu de réflexion toutefois montrera qu'en matière de golf un tel raisonnement est illusoire. Si les coups courts étaient plus faciles que les longs, cette façon de jouer serait plus correcte, mais les courtes approches constituent l'une des parties les plus difficiles du jeu. Quant à apprendre à *putter* en premier lieu, je suis certain qu'on s'en dégoûterait bien avant d'être à mi-chemin du succès. On ne peut jamais dire d'un joueur qu'il sait putter. Il y a à ce sujet certaines règles qu'il est bon d'apprendre, mais il n'existe aucune prescription infaillible pour faire entrer la balle dans le trou à chaque coup ou même une fois tous les deux coups. Je serais bien heureux d'en découvrir une. Au contraire, il existe pour apprendre le *full swing*, des règles d'or dont la pratique amènera le succès. Il vaut mieux à mon avis commencer par des coups susceptibles de vous encourager.

Laissons donc le néophite ou le joueur qui craint d'être incurablement mauvais s'exercer à jouer le *tee shot* avec un *brassie*. Le coup est le plus facile de tous et sa réussite procure toujours au joueur un frisson de plaisir. En tous cas, le fait d'avoir maîtrisé cette difficulté sera pour lui un encouragement à tenter des coups plus compliqués.

Je conseille le *brassie* plutôt que le *driver* car sa face est plus inclinée, ce qui le rend plus facile à manier. Il ne doit pas être plus difficile de jouer avec un brassie sur le parcours que sur le tee. Le golfeur habile emploie souvent son *driver* avec avantage quand la balle repose sur le fairway, bien que ce soit peut-être le club dont il est le plus difficile de se servir. Le commençant ne saurait mieux faire que de tenter d'abord les coups les plus simples c'est-à-dire le brassie shot joué du tee. Le brassie et le driver devant être de la même longueur — on veillera à ce qu'il en soit vraiment ainsi — le joueur, passant de l'un à l'autre, ne les trouvera pas sensiblement différents. L'aspect sévère du *driver* peut l'avoir gêné au début, mais il s'y accoutumera quand il verra ses coups réussir, de plus il se sera fait un ami du brassie. On regarde généralement ce dernier comme le club le plus difficile à manier sur le fairway, ce qui est naturel. La balle posée sur le tee apparaît bien en évidence, mais quand elle est sur le gazon, les yeux du joueur doivent l'isoler, la surélever en imagination, pour pouvoir donner au coup toute la force nécessaire. Le joueur devra donc être en bons termes avec le brassie. Il fera mieux de jouer avec un tee peu élevé et, le moment venu, le *driver* ne lui causera plus aucune peine et le brassie — quand il s'en servira sur le green — sera pour lui comme un vieil ami. La façon de manier ces deux clubs doit, je le répète, être identique si les conditions sont favorables. Quand la balle se trouve mal placée, il y a dans les coups des différences qui seront expliquées plus tard.

Pour l'instant, accordons au *swing* toute l'importance qu'il mérite. Comme je l'ai remarqué précédemment, on ne peut guère rencontrer de difficulté dans son exécution si l'on saisit correctement le club et si l'on tient la tête immobile, cette dernière condition est essentielle au succès. On ne peut donner de meilleur conseil au débutant que d'employer dans ce but l'appareil du colonel Quill. Il est important de fixer l'œil sur la balle et je ne prétends pas qu'on doive oublier ce précepte, mais c'est un point secondaire. L'essentiel est avant tout de tenir la tête immobile. Il est presque inutile d'avoir l'œil fixé sur la balle si l'on remue la tête — excepté pour un golfeur de premier ordre qui, pendant le *swing*, peut se remettre d'aplomb. La position du joueur (*stance*) devra être naturelle et commode, il ne se tiendra ni trop raide, ni trop courbé, son jeu y gagnera dans une grande mesure. Pour viser, placez la tête du club derrière la balle, c'est le point que les yeux devront fixer, car c'est là qu'il faudra frapper.

Il me paraît presque impossible d'indiquer la distance qu'il doit y avoir entre les deux pieds. J'ai souvent mesuré, ces dernières années, la distance qui existe dans ma propre position ; je marquais l'emplacement de mes pieds sur le tee et, après avoir fait mon drive, je recommençais l'opération 4 ou 5 fois ; la position de mes pieds était toujours différente. L'écart était faible évidemment, mais enfin il existait. C'est pourquoi je recommanderai au golfeur de ne pas se tourmenter pour cette question de distance. Voilà donc notre joueur dans une position confortable sur le *teeing ground*, visant la balle. Il doit se rappeler que l'espace qu'il occupe actuellement constitue, excepté pour ses bras, les limites de sa sphère d'action. Les bras même doivent y retourner après avoir exécuté leur mouvement. Si ses pieds étaient posés aux deux extrémités d'une feuille de journal, son corps ne devrait faire aucun mouvement en dehors du terrain couvert par ce papier.

Le swing est produit par la torsion du buste, quand le club décrit le mouvement ascendant, et par le retour à sa position première, quand le club redescend. C'est pourquoi j'ai dit qu'ayant pris la position voulue, vous ne devez pas bouger de l'espace que vous occupiez au moment de viser la balle. Il s'agit simplement de tourner sur vous-même avec les bras et de refaire le même mouvement en sens inverse. Au lieu de dire les bras j'aurais pu employer le mot club, car c'est la tête du club, il ne faut pas l'oublier, qui doit conduire le mouvement. Le corps en définitive tourne sur son axe. Imaginez que vous avez au cou et à la taille des roues sur lesquelles tourne votre corps, si bien que le club et les bras l'entraînent, sans faire bouger la tête ou remuer les membres inférieurs plus qu'il n'est nécessaire. Considérons les bras conduits par le club — si je puis m'exprimer ainsi — se livrant à cette opération de pivotement. On décompose le swing en deux parties — swing ascendant et swing descendant — dont chacun comporte deux mouvements et qui doivent s'adapter l'un à l'autre avec assez de perfection pour former un tout harmonieux. La plupart de mes lecteurs doivent connaître cette sorte de poupée mécanique qui lève le bras automatiquement. Au premier mouvement le bras se lève à mi-chemin, au second il touche la tête comme pour saluer. Si ce bras opérait sur le côté au lieu de par-devant, on aurait une notion assez exacte de la figure que doit décrire le swing. Naturellement le golfeur ne doit pas agir comme s'il attendait qu'on presse un bouton pour lever le bras, il ne devra pas le mouvoir non plus d'une manière saccadée. En résumé, le swing ascendant se compose de deux mouvements, l'un s'adaptant à l'autre assez exactement pour former un ensemble parfait.

Par le premier mouvement, on lève le club jusqu'à ce que sa tête soit en l'air et le joueur tourne sur la hanche droite. Le second mouvement fait plier les coudes et ramène le manche du club en position derrière la tête du joueur ; pendant cette opération la paume des mains relâche un peu son étreinte, mais le pouce et l'index continuent à serrer fortement le manche, office qu'ils remplissent à eux seuls plus que tous les autres doigts. J'en ai déjà fait l'expérience en me servant du pouce et de l'index, à l'exclusion des autres doigts, pour des coups que j'ai réussi de manière satisfaisante. Ces autres doigts sont cependant très utiles pour guider le club et je ne conseillerai pas de les en détacher entièrement. Ils doivent relâcher légèrement leur prise, au moment où les coudes se plient, et d'eux-mêmes ils la ressaisiront quand le club descendra.

Le manche doit être assez près de la tête du joueur — sans la toucher toutefois — pour l'empêcher de porter un chapeau à rebord ou du moins à rebord résistant. On voit parfois des dames jouer au golf avec de grands chapeaux de paille ; il leur est impossible d'accomplir le swing convenablement, autrement elles frapperaient leur chapeau à chaque coup.

Il y a un nombre surprenant de golfeurs qui oublient de faire le second mouvement du swing. Ils lèvent leur club d'un geste raide et paraissent croire que le point le plus élevé qu'ils puissent atteindre, représente le point extrême du swing et que, par conséquent, ils peuvent s'arrêter là. Cette méthode n'est pas aussi défectueuse avec la balle en élastique qu'autrefois avec la gutta, mais c'est une manière incomplète de jouer au golf. Le joueur qui a adopté ce style, se croit sans doute obligé de *balayer* la balle au lieu de la frapper. On lui a si souvent conseillé de la jouer ainsi du tee qu'il croit ne pouvoir faire mieux que de décrire une sorte de demi-cercle avec la tête de son club ; cela ne suffit pas, il faut encore frapper la balle. La position naturelle pour frapper avec une canne ou tout autre instrument est de le renvoyer en arrière, afin de pouvoir cingler devant. Vous voulez donc frapper la balle, mais il faut contenir la vigueur de votre club au commencement de la descente. C'est au moment du choc qu'il doit fournir la plus grande vitesse, c'est là le grand art du *swing*, c'est en agissant ainsi qu'on donnera au coup une valeur effective.

Jusqu'ici, je n'ai pas tenté de donner par série les mouvements d'où résulte le swing parfait. J'ai essayé de démontrer — en lui accordant toute son importance — un fait que des milliers de golfeurs ignorent ou méprisent à leur détriment, je veux dire l'opération qui consiste à tourner le corps, à la façon d'un tire-bouchon, à l'aide du club et des bras. Ce point acquis, considérons l'opération en détail. La position est confortable, les pieds sont tournés en dehors, la balle est sensiblement plus près du talon gauche que du droit et le pied droit est à quelques pouces en avant du gauche — il ne doit pas en tous cas être en arrière — afin de faciliter la fin du *swing*. Commencez par mouvoir la tête du club parallèlement au sol l'espace de quelques pouces ; il faut cependant le lever un peu. En même temps, tournez le poignet gauche vers le corps et la hanche en arrière ; la tête restant immobile, la cuisse gauche doit tourner un peu extérieurement comme résultat du mouvement de la droite ; il ne peut pas en être autrement. Il s'ensuit une flexion du genou gauche, tandis que la jambe droite demeure presque raide. Voilà donc le début de l'opération qu'on devra simplement continuer pour obtenir le résultat voulu. Le corps doit être tordu sur lui-même autant que possible, il se pourrait qu'il essaye d'échapper à cette torsion par le fléchissement des jambes, ce qu'on évitera en veillant à ce que le talon gauche, bien qu'il doive se soulever, ne change pas sa position d'une façon appréciable.

Le pivotement sur le pied gauche doit se faire à l'intérieur de ce pied, entre le tarse et l'extrémité de l'orteil. Le corps tout entier exécute donc une torsion : le poignet gauche, la hanche droite, la cuisse gauche et la jambe gauche jusqu'à la cheville, le tout formant un mouvement en spirale ; afin d'en conserver toute la valeur effective, on aura soin d'appuyer fermement sur la plante du pied gauche et de ne pas laisser glisser le talon de ce côté. Cela nécessitera un peu d'effort, car cette position devra être conservée exactement sans qu'aucune partie du mécanisme en soit relâchée.

Pour détordre le corps, on refera les mêmes mouvements

en sens inverse, ce qui ne représentera que peu de difficulté, si l'on a bien accompli la première partie. Je ne dis pas — comme le prétendent certaines personnes — qu'on n'éprouvera aucune difficulté, car on peut commettre la faute grave de rejeter les bras en dehors. Il y a un moyen de prévenir cette cause de désastre. Le joueur devra viser un point imaginaire à sa droite, à environ un pied en arrière de la ligne sur laquelle il se tient. En enseignant le jeu, je me place souvent moi-même dans la position que je viens d'indiquer en disant à l'élève : « Essayez de me frapper, quand vous abaisserez votre club ; je m'arrangerai pour qu'il n'en soit rien, mais essayez ». On pourrait mettre cette idée en pratique, en posant un objet à l'endroit qu'atteindrait le club lorsqu'on commence le mouvement descendant. La seule manière de jouer en ligne droite est d'envoyer le club résolument vers la droite, un peu en arrière du corps au début du swing descendant. Puis il acquerra de la force en descendant et la balle partira aussi droit qu'une flèche — aussi loin que vous serez capable de l'envoyer.

Arnaud Massy a une habitude singulière, qui ne manque jamais de ramener son club dans la bonne direction, au début du swing descendant. On a donné à ce mouvement les noms les plus extravagants, entre autres *queue de cochon* et l'on s'est souvent demandé pourquoi il le faisait. Voici ce qui arrive : au point culminant du swing, Massy décrit en l'air un moulinet, un cercle avec la tête de son club. Tandis que la plupart des joueurs, arrivés à ce point culminant, redescendent rapidement, Massy exécute cette sorte de spirale. Il serait excellent que chacun de nous puisse en faire autant. En faisant décrire à la tête du club cette figure, il le renvoie en arrière, de sorte que l'instrument redescend presque sûrement dans la bonne direction. Il lui est matériellement impossible d'amener ses bras en avant, puisqu'ils ont été poussés dans la bonne voie par cette fioriture qui pousse la tête du club derrière le joueur. Pour la moyenne des joueurs, il suffit qu'ils pensent à viser légèrement en arrière au commencement du swing descendant.

On ne doit faire aucun mouvement, si ce n'est avec les bras, jusqu'à ce que le club soit descendu à mi-chemin. Il doit d'abord revenir de derrière la tête, pendant que les doigts relâchés serrent à nouveau le manche. Puis, parvenu à droite, légèrement en arrière du joueur, au moment où il commence à prendre de la vitesse, tout le corps se déroule, le club décrit sa courbe et le coup est parfaitement réussi. Un bon swing est le plus sûr moyen de bien frapper la balle. Pour convaincre mes élèves de cette vérité, souvent, après avoir pris position et visé, j'ai fermé les yeux et frappé la balle sans la voir. On ne peut manquer son coup si l'on exécute bien le swing.

Pourtant, il est certain que, dès le premier mouvement, bien des joueurs se préparent un échec. En rejetant leur club en arrière, la majorité des joueurs tournent leur corps dans la même direction et portent tout leur poids sur la jambe droite. Dès lors tout va mal. C'est une tendance naturelle, mais il est facile de s'en guérir si, au lieu de suivre la même direction que le club, on prend la direction opposée. L'important est de ne pas déranger l'équilibre.

Une autre faute, dont voici la description, est la conséquence de la première. Le *swing* est peut-être bien commencé, mais alors le joueur voit arriver son épaule gauche sous son menton — là où elle doit se trouver au point culminant du swing. Il est pris à l'improviste et cette vue semble l'alarmer. Il s'en détourne et il en résulte un *back swing* défectueux. Si le joueur doit bouger, il vaut mieux qu'il le fasse dans la direction opposée.

Je n'insiste pas sur la façon dont on doit finir son coup. C'est là le résultat de la méthode et non la méthode elle-même. Si le swing a été bien exécuté, cette position sera bonne, le corps se trouvant tourné suffisamment pour faire face au trou. La tête devra être au-dessus de l'épaule droite, penchée vers le point d'où la balle vient d'être lancée. Elle s'inclinera en avant de quelques pouces ainsi que le corps, comme résultat de l'élan obtenu pendant le swing descendant : ce sera son premier mouvement. Si la tête à la fin du coup se trouve droite, c'est qu'on l'aura bougée trop tôt, et le plus souvent on aura *toppé* la balle.

Lentement en arrière est une règle excellente pour un novice et même pour un joueur plus avancé. Mais je ne veux pas dire par là que le mouvement ascendant doit se faire au pas d'escargot. Souvent cette règle tinte aux oreilles du commençant avec tant de persévérance, qu'il fait des efforts surhumains pour rendre son swing ascendant aussi lent que possible. Cela est aussi mauvais qu'un mouvement trop rapide, mais il y a un juste milieu. Comme le succès encourage la confiance, le swing ascendant tendra à devenir de plus en plus rapide, mais cela sans aucun avantage, puisque à son extrémité ne se trouve rien à frapper. On voit quelquefois un joueur élever son club avec la rapidité de l'éclair et ne réussir qu'à rejeter l'instrument, non seulement derrière sa tête, mais presque jusqu'à ses talons. En continuant de cette façon, le joueur peut s'attendre à souffrir souvent des effets d'un swing exagéré. Il se trouve forcé de relâcher entièrement son étreinte et de se jeter en avant pour frapper la balle.

Nous avons donc décrit l'opération telle qu'elle doit être : la torsion du poignet gauche vers l'intérieur, le mouvement tournant de la hanche droite, le pivotement sur la plante du pied gauche ; l'abaissement du coude qui fait relâcher momentanément l'étreinte des doigts, sauf celle des pouces et des index ; le rejet du manche derrière la tête, le fait de viser un objet imaginaire placé vers la droite à un pied environ en arrière du joueur, enfin, le mouvement descendant du club qui frappe la balle sans violence, pourtant avec toute la force voulue. Le poids se trouve également distribué comme il l'a été au début du swing. Si au lieu de faire tourner le corps, on le fait simplement mouvoir de côté, le centre de gravité est déplacé, de telle sorte qu'on a peine à se retrouver en position à temps pour frapper la balle.

Si une balle se trouve dans un trou de faible dimension et que le joueur désire employer un brassie, il est inutile de chercher à introduire son instrument dans le creux et par cela même sous la balle. Cette façon d'agir est bien tentante, car il semble qu'ainsi on sera certain de faire sortir la balle de la dépression, mais ce résultat sera atteint de manière bien plus sûre en visant un pouce ou deux en arrière de la balle. Ce qu'il faut, c'est que le club coupe le rebord du trou, c'est-à-dire le haut de la terre ou du sable qui borde ce trou. Cela permettra à l'instrument d'arriver à la balle. Par conséquent, plus la balle sera enfoncée dans cet abominable trou, plus le golfeur visera en arrière. Pourtant avec la balle en élastique, il est rarement nécessaire d'employer la brassie dans un cas pareil. D'ordinaire on obtiendra l'effet désiré avec un club de fer. C'est un pas de plus vers la simplification du golf.

Voici les sept règles d'or pour l'exécution d'un drive :

I. Tenir la tête immobile et ne pas tourner le talon gauche en dehors, ainsi le corps ne peut tourner que quand on rejette les bras en arrière.

II. Etreindre avec force le club au moyen du pouce et de l'index de chaque main. Ces doigts qui ne peuvent pas, au même degré que les autres, saisir fortement le club, sont au contraire les plus importants pour serrer le club.

III. La tête du club doit conduire le mouvement, le poignet gauche étant tourné vers l'intérieur, les bras suivent la tête du club, puis la hanche droite tourne à son tour.

IV. Ne pas lancer les bras en avant, comme si vous fauchiez l'herbe, lorsque vous commencez le *swing* ascendant. Les rejeter plutôt en arrière et de là les laisser revenir naturellement.

V. Que le mouvement de l'épaule droite soit ferme et rythmique, il doit n'avoir rien de saccadé.

8

VI. Ne pas craindre de frapper fort : si votre swing est exécuté selon les règles, frapper fort n'est pas *presser*.

VII. Tenir la tête immobile jusqu'à ce que le club ait frappé la balle.

CHAPITRE VI

« CLEEK » ET « IRON » SHOTS

Quand on parle des clubs à tête de fer, le golfeur commence toujours par songer au cleek. C'est un instrument avec lequel il n'est pas très façile d'obtenir de bons résultats, mais une fois que le joueur s'en est rendu maître, il se trouve en possession d'un outil incomparable qu'on peut employer pour bien des coups. De nos jours, avec la balle en élastique, il est possible de lancer une balle à très peu de chose près, aussi loin avec le club en question qu'avec le driver ou le brassie. Aussi, quand un golfeur hésite à jouer un *full shot* avec un club de bois, le cleek se présente comme le sauveur de la situation. De même, il vaut mieux jouer un demi coup avec le cleek qu'un full shot avec le fer. Nous avons donc là un outil capable d'accomplir de grandes choses. Il ne s'agit que de trouver un bon moyen pour le maîtriser. La façon la plus simple me paraît être d'arriver à lui par l'intermédiaire du fer.

Supposons que notre joueur novice exécute maintenant fort bien le swing. Ce point est essentiel. Il fait des drives et des coups de brassie dont la longueur et la direction sont fort respectables. Sur un sol dur, il lui arrive même de s'enhardir jusqu'à entrer dans cette conspiration générale qui ne demande qu'à gâter les parcours en drivant déraisonnablement loin. Puisque son swing est correct, il peut, avec quelque confiance, se mettre à étudier les particularités du cleek et de l'iron, lesquelles sont peu nombreuses.

J'ai déjà dit dans ce livre que les coups de golf les plus faciles étaient ceux qu'on joue du tee avec un brassie et du fairway avec un fer ordinaire. En général on préfère ce dernier club. Sa tête n'est pas droite comme celle du cleek, ni accentuée comme celle du mashie. C'est une tête raisonnable qui inspire confiance, c'est exactement celle qu'il faut pour frapper convenablement une balle posée sur le gazon et la faire voler à travers l'espace. Le fer qui, certes, est un excellent instrument jouit d'une popularité immense ; de plus il est prompt à gagner la confiance de son possesseur. On pourrait dire que le fer est le favori du sac, pourtant il n'agit pas en enfant gâté. Rarement on entend un joueur se plaindre que ce club n'est pas ce qu'il devrait être. De temps en temps, il peut avoir envie d'un nouveau fer et même l'acheter, mais ce sera parce qu'il aime les fers comme d'autres aiment les timbres et non parce que son premier club l'aura déçu.

Ce sentiment si répandu est, à lui seul, une bonne raison pour recommander l'étude du fer au débutant ou au joueur qui prétend s'élever au-dessus de la médiocrité. Il peut faire alterner cette étude avec celle des clubs en bois. De même que, devenu habile à manier la brassie sur le tee, il pourra passer au driver, de même il pourra entreprendre le cleek, s'il est satisfait de ses coups avec le fer. Dans les deux cas l'important est de commencer par l'instrument le plus aisé à manier, on diminue ainsi les difficultés présentées par les plus difficiles. La manière d'exécuter le swing en tournant à partir de la ceinture et en pivotant sur l'orteil gauche sans tourner le talon en dehors est — ou devrait être — précisément la même pour ces quatre clubs. L'étreinte doit être un peu plus ferme avec le cleek ou le fer qu'avec le driver ou le brassie ; pourtant les principales différences, dans la manière d'exécuter les coups avec des clubs de fer ou de bois, se trouvent dans la position à prendre et dans la longueur du swing ascendant. Evidemment, l'étreinte doit être un peu plus ferme, de crainte que l'instrument ne tourne dans les mains au moment de frapper, désastre qui pourrait se produire par le contact avec le sol. Mais je ne saurais approuver l'avis que j'ai entendu donner par certains golfeurs, que l'étreinte, lorsqu'il s'agit d'un instrument de fer, doit être si ferme que le sang abandonne les jointures. Le golfeur, qui se cramponne au manche avec cette force désespérée, risque de se sentir bientôt désagréablement raide. L'étreinte doit être juste assez serrée, surtout avec les pouces et les index, pour que le club ne tourne pas dans les mains. Si vous veillez à l'action que doivent exercer les pouces et les index, les autres fourniront d'eux-mêmes la pression nécessaire, ou du moins s'habitueront très vite à ce qui est exigé d'eux.

Quel que soit le coup joué par le golfeur, qu'il n'oublie pas la recommandation que j'ai déjà faite : tenir la tête immobile. On m'accusera d'insister avec exagération sur ce point, mais je suis convaincu que, pour un joueur d'habileté moyenne, l'immobilité de la tête jusqu'à la dernière phase d'un mouvement est d'une importance capitale qui ne peut être exagérée. Un joueur de premier ordre sent quand il a bougé la tête ; il se rend compte alors que son club ne doit pas redescendre par le même chemin qu'il a suivi en montant. Même, sa connaissance du jeu est telle qu'il peut se rattraper pendant le swing. Je n'insinue donc pas qu'un champion ne bouge jamais la tête, mais je dis que bien rarement il la fait mouvoir de la même façon qu'un mauvais joueur. On verra bien souvent ce dernier varier la position de sa tête de 12 à 15 pouces pendant le swing ascendant, ce qui est une grave offense aux règles du golf et un défaut à combattre de toutes ses forces. Si un bon joueur remue la tête, ce sera, généralement, par un mouvement à peine perceptible.

Pourtant lui-même s'en rend compte, et c'est la tête coupable qui sauve la situation, en songeant à ramener le club en position pendant le swing descendant ; on ne peut

pas attendre cela d'un golfeur médiocre, aussi est-il beaucoup plus important pour lui de tenir la tête immobile que
pour le joueur accompli.

Jusqu'ici, nous n'avons pas encore noté de grandes
différences entre les coups des *clubs en bois* et ceux des
clubs en fer. La principale différence consiste dans la position
que doit prendre le joueur. En général le cleek est de 2 ou
3 pouces plus court que le brassie ou le driver, tandis que le
fer est plus court encore. Ces variations sont excellentes et
le joueur doit se rappeler que, plus le manche est court,
plus il doit se tenir près de la balle. On voit parfois des
joueurs se tenir aussi loin de la balle pour jouer avec un
fer qu'avec un driver et atteindre la balle en se penchant
outre mesure ; dans ces conditions, la pointe du club est
dressée en l'air, le corps est gêné dans ses mouvements et il
est impossible d'exécuter un bon coup. La méthode correcte,
qui est également la plus simple — consiste à s'approcher
d'autant plus que le manche du club est plus court ; il
faut pouvoir atteindre la balle, sans avoir à se pencher de
façon exagérée. Pour le cleek, les pieds sont un peu plus
rapprochés l'un de l'autre que pour le driver ou le brassie ;
la balle se trouve d'une manière appréciable plus près du
joueur ; pour le fer elle s'en trouve encore plus rapprochée.
Les bras auront juste assez de place pour accomplir commodément le swing, au moment où le club redescend pour
remplir sa tâche. Ils ne devront pas toucher le corps ; mais
en aucun cas on ne les étendra en avant, parce qu'il faut
conserver un équilibre parfait. Pourtant si l'on a soin de ne
pas se pencher plus que pour driver, on prendra naturellement la position que réclame le club employé et les bras
ne se permettront pas de vous jouer de mauvais tours.

Plus le joueur se tiendra près de sa balle, plus le swing sera
vertical ; ce qui est inévitable. Avec les clubs en fer, le
swing doit être plus vertical qu'avec le driver ou le brassie ;
il en résulte une action plus drue, plus serrée. Au point de
vue général, la position du pied gauche variera moins que

celle du droit, en prenant toujours le drive comme la base de la position.

Pour jouer avec le cleek ou le fer, de même qu'avec un instrument de bois, on placera la balle de telle sorte qu'elle se trouve sur la même ligne qu'un point situé à quelques pouces à l'intérieur du talon gauche, mais on rapprochera le pied droit du gauche afin de rendre le swing assez vertical.

On pourra avancer le pied gauche d'un pouce environ, mais c'est surtout par le mouvement en avant du pied droit que la distance entre les deux sera réduite. Quand le joueur emploie le fer, il doit tourner légèrement son corps dans la direction du trou, ce changement dans sa position amènera le pied droit plus près de la balle que le gauche.

Le débutant aime à frapper fort, il fera donc bien de commencer son éducation avec le fer en exécutant des coups pleins. Il devra viser la balle en arrière à une distance d'un pouce ou d'un demi pouce. Ces coups lui paraîtront assez faciles et, s'il les exécute bien, ils lui rempliront l'âme de satisfaction. Ce swing aura beaucoup de ressemblance avec celui qu'on exécute avec les clubs en fer, excepté qu'il sera plus vertical à cause de la position des pieds, plus rapprochés l'un de l'autre. Ce sera toujours la même opération : la torsion du buste au moment où les bras font le mouvement arrière, le pivotement sur la plante du pied gauche depuis le tarse jusqu'à l'orteil, puis on détordra le corps dès que les bras redescendront. Si l'écart entre les pieds est trop grand, il est impossible de pivoter correctement.

N'oubliez pas de viser à un demi pouce ou un pouce derrière la balle, ceci s'applique aussi bien au cleek qu'au fer. L'endroit sur lequel vous devez fixer l'œil est le petit espace compris entre la balle et le club, quand ce dernier est en position ; en agissant ainsi, vous apercevrez le côté de la balle et c'est là qu'on doit frapper. Il faut se rappeler de n'avoir pas les bras trop près du corps, ce qu'on est souvent tenté de faire ; quand on s'approche de la balle, les bras doivent être nettement détachés du corps.

La distance que couvrira la balle doit dépendre de la longueur du swing ascendant. Il est très important de toujours frapper la balle sans hésitation. Si l'on n'a besoin que d'un demi coup, il est très mauvais de faire un long swing, puis de chercher à le retenir au moment de frapper, afin de ne pas envoyer la balle trop loin. C'est une faute qui se commet très souvent, et toujours avec un résultat déplorable. L'art de bien juger un coup d'approche ne consiste pas à savoir avec quelle force on frappera la balle, mais bien jusqu'où le club doit aller en arrière. Chaque joueur doit se rendre compte par lui-même des distances qu'il couvrira selon la longueur du swing ; je ne puis que vous mettre en garde contre l'habitude qu'on a de ne pas surveiller la longueur du swing, puis de tenter d'appliquer une force plus ou moins grande, au moment précis où le club frappe la balle. Je crois que c'est une impossibilité. Le joueur qui pour un demi-coup (*half shot*) aura fait un long swing en arrière, se rendra compte au moment critique qu'il doit ralentir un peu ou qu'il dépassera le but. Par suite, le swing entier est manqué, et le coup aussi.

Ne vous penchez pas trop quand vous jouez avec le cleek ou le fer. Beaucoup de joueurs commettent cette faute, surtout en jouant avec un fer ; quand vous désirez atteindre le *full swing* et que vous le commencez dans une attitude accroupie, vous ne ferez que vous balancer de bas en haut. Une immobilité absolue dans la position est plus importante encore avec les clubs de fer qu'avec le driver, et une tendance à se soulever est fatale au joueur.

Les clubs employés alternativement avec le cleek sont le *driving mashie* et le *spoon*. Chacun a ses qualités. Un caprice momentané fera parfois du driving-mashie un instrument des plus importants, tandis que le spoon est le favori de maints golfeurs ; grâce à son *loft*, il est plus facile à manier que le cleek, mais ce dernier, une fois qu'on l'a maîtrisé, vous permettra plus sûrement de placer la balle près du trou. Pourtant des coups splendides peuvent être accomplis avec le spoon ; Georges Duncan et Sandy Herd nous l'ont bien fait voir. Je voudrais simplement avertir les joueurs, qui ont un faible pour ce club, de ne pas délaisser complètement le cleek. Certains coups peuvent être faits avec le cleek et seraient matériellement impossibles avec le spoon ; prenez par exemple le *push* que nous décrirons plus loin. Si le driving-mashie ou le spoon exercent une soudaine fascination sur un joueur, qu'il s'en serve et qu'il en fasse lui-même l'expérience.

La position pour ces deux instruments est la même que pour le cleek, mais ce dernier ne manque pas, au moment opportun, de reprendre sa place, qui est celle d'un ami capable de rendre bien des services au besoin.

On a mis dernièrement en vogue un club nommé le *cleek en bois*, qui peut rendre service au mauvais golfeur, car il a la tête plus longue et plus large que le cleek à tête de fer et un *loft* identique. Cet instrument inspire confiance à cause de sa large tête ; on a pour frapper la balle un si grand espace, que le joueur le moins confiant espère réaliser le coup rêvé avec, l'une ou l'autre partie du club. Il faut pour se servir de cet instrument avoir un bon *lie*, mais si le joueur croit son usage plus facile, qu'on le lui laisse employer. Une conviction de ce genre permet d'obtenir des résultats étonnants ; j'en ai eu dernièrement un exemple frappant. Je connais un joueur qui prétend être toujours sûr de faire un bon coup avec le fer, tandis qu'il est certain de manquer son coup avec le cleek. Un jour il se risqua. « Donne-moi le cleek », dit-il au cadet, « je vais essayer ». Eh bien il manqua la balle et cela 3 fois de suite. « C'est inutile d'essayer, déclara-t-il, donne-moi le fer ». Le cadet fouilla dans le sac et ne trouvant rien, s'écria : « Mais vous l'avez ». Et, en vérité, le joueur, pensant qu'il jouait avec le cleek, s'était si bien suggestionné qu'il en avait manqué ses coups. Dès qu'il se rendit compte qu'il avait le fer en main, il retrouva sa sûreté habituelle. Quoique l'histoire puisse paraître exagérée, elle est l'expression même de la vérité.

CHAPITRE VII

« MASHIE SHOTS »

Saluons le *mashie !* Il mérite à la fois notre amitié et notre respect. Pour que le mashie rende un maximum de services, il exige chez le joueur l'emploi de toutes ses qualités mentales et physiques. La manière de l'utiliser diffère, dans certains détails importants, de celle qu'il faut pratiquer avec le *driver*, le *brassie*, le *cleek*, le *fer* et autres instruments du même genre. C'est un club qu'on doit manier avec la plus extrême précision ; il est sensible à la moindre inobservance des règles. C'est ce qui lui donne la réputation d'instrument capricieux, collaborateur tantôt précieux, tantôt perfide. Cependant ses variations se sont atténuées depuis l'introduction de la balle en élastique. On a vu des joueurs faire de mauvais coups de mashie et atteindre cependant le *green*, ce qui arrivait rarement au temps de la balle de gutta. Pourtant la moyenne de mauvais coups qui finissent bien est de beaucoup inférieure avec cet instrument à la moyenne obtenue avec les autres clubs, surtout sur un terrain dur où un mauvais coup de mashie reste rarement impuni. Quand on *tope* la balle, par exemple, on l'envoie généralement dans un bunker, ou bien elle dépasse de beaucoup le green. On a raison de se plaindre, lorsqu'il arrive parfois à un bon mashie shot de finir mal, mais ce regrettable accident survient généralement quand le gazon est en mauvais état ou que les pentes du terrain sont défectueuses. En général, il n'existe pas de club plus recommandable que le mashie et au golfeur, qui trouve des difficultés à l'employer, je ne saurais donner de meilleur conseil que de le pratiquer presque journellement ; cet exercice assidu aura sa récompense.

La particularité du *mashie shot*, ce qui le distingue de tous les autres coups que nous avons étudiés précédemment, c'est qu'il dépend principalement du mouvement des genoux. Nous avons appris plus haut à tordre le corps et à le détordre du cou à l'orteil ; le mashie en mains, on ne pratiquera cette opération que jusqu'aux genoux ; moins on bougera les pieds, mieux on s'en trouvera. Il nous faut être solides sur nos pieds, presque aussi fermes que si nous les avions plantés en terre ; ceci étant impossible, on les bougera le moins qu'on pourra et, s'il se peut, les talons resteront fixés au sol. La faute principale que commettent les mauvais joueurs, est de ne pas se servir suffisamment de leurs genoux. Leurs méthodes varient, elles sont souvent indescriptibles, mais ils commettent l'erreur fatale de ne pas faire de distinction entre le mashie et le fer, or, à moins qu'il ne s'agisse d'un joueur expérimenté qui peut se permettre des libertés, le mashie ne saurait tolérer une telle absence de courtoisie de la part de ceux qui l'emploient.

Je ne conseillerai pas au joueur ordinaire de faire plus d'un 3/4 de *swing* avec cet instrument vraiment des plus particuliers, et surtout de ne pas pirouetter. Je ne veux pas dire qu'on puisse se livrer à ces pirouettes avec les autres instruments, mais on doit cependant pivoter sur le pied gauche depuis le torse jusqu'à l'orteil, tandis qu'avec le mashie on ne devra pas pivoter sur le pied ; la nature du club ne s'accommode pas de ce mouvement. Il est de toute importance de s'assurer une position stable, car il faut frapper la balle avec une précision parfaite et, si on laisse aux pieds une liberté relative, on risque fort de donner à la balle une fausse direction.

Dans certaines occasions, le golfeur peut avoir à faire

un plein swing avec le mashie, quand par exemple il lui faut franchir des obstacles élevés, de grands arbres, c'est alors qu'il devra prendre à peu près la même position qu'avec l'iron et pivoter sur le pied gauche de la manière déjà indiquée. Mais dans la plupart des cas, il ne devra exécuter avec le mashie qu'un 1/2 ou un 3/4 de swing, car il fera bien de n'employer ce club que s'il se trouve à 100 yards environ du trou.

Examinons d'abord la position du joueur. Il devra se tenir plus près de la balle qu'avec le fer et le corps bien tourné vers le trou, le pied gauche dirigé vers l'extérieur, la balle placée presque en face du talon gauche. La position du pied droit est encore plus importante ; ce pied devra être placé bien en avant du gauche et plus près de la balle que pour aucun des coups que nous avons expliqués jusqu'ici. La balle sera située sur une ligne qui, prolongée, serait parallèle au talon du club. Pour ce coup comme pour tous les autres, on placera à terre l'instrument, de sorte que la face du club forme un angle droit avec la direction qu'on désire faire prendre à la balle. Si le golfeur place son pied droit parallèlement au talon du mashie et que son pied gauche soit dirigé vers l'extérieur, il est clair qu'il tournera inévitablement le corps vers le green. Il le tournera dans la juste mesure, s'il a soin de placer le talon du club et le pied droit en ligne perpendiculaire avec le green. En se tenant ainsi, les pieds assez rapprochés l'un de l'autre pour pouvoir plier commodément les genoux, il sera dans la position correcte pour faire le mashie shot habituel. La position à prendre est d'une grande importance et devra être étudiée de très près.

Commençons à expliquer la torsion du corps et le mouvement en sens inverse, c'est-à-dire la manière de pratiquer le swing ; comme je l'ai déjà dit, les genoux ont un rôle très important à jouer. Aucune partie du corps ne sera rigide, si ce n'est la tête et les pieds, ceux-ci fermement fixés au sol, celle-là absolument immobile. Les genoux doivent participer au pivotement du corps, sans permettre à ce pivotement de se communiquer plus bas. En résumé, le joueur obtient la torsion du corps à l'aide des genoux et à l'aide des genoux encore il reprend sa position première, mais il n'oubliera pas de rythmer les mouvements de ses bras et de ses hanches, afin qu'ils agissent à l'unisson des genoux, qui, avec les hanches et les bras, formeront un ensemble d'où résultera un swing correct.

Au moment où le joueur, le club fermement en mains, vise la balle, le poids du corps doit être supporté par la jambe droite. Pour prendre commodément cette position, il sera obligé de plier le genou droit. Au moment où on rejette le club en arrière et que le buste pivote, moins librement toutefois que pour les coups plus longs, la jambe droite se raidit d'elle-même, de fait, c'est le genou de cette jambe qui gouverne le coup ; dès qu'il s'immobilise, le mouvement du corps s'arrête, et le swing arrière est fini, le genou gauche se sera légèrement plié, comme on le voit sur la photographie du mashie shot au point culminant du swing.

On ne peut agir d'une autre manière, si on a soin de ne pas lever le pied du sol. Le meilleur conseil qu'on puisse donner au joueur est de maintenir ses talons fermement fixés au sol, à moins qu'il n'ait à accomplir un plein swing, qu'on n'a guère à exécuter qu'en des occasions exceptionnelles. Pour le demi ou le 3/4 de swing comme pour le plus court — c'est-à-dire le mashie shot habituel — le pied gauche sera posé à plat sur le gazon, quand le genou gauche pliera extérieurement. Le swing descendant, qui consiste à rendre au corps sa position normale, tout en faisant fléchir le genou droit, s'accomplira de façon satisfaisante si le joueur évite ces trois fautes ordinaires : laisser tomber l'épaule droite avec une secousse ; plier le poignet droit au moment de frapper dans un effort soudain pour pousser le club sous la balle ; lever les yeux trop rapidement. L'épaule droite tournera avec un mouvement ferme et rythmique, si le joueur réussit à ne pas plier le poignet droit, quand son club va toucher la balle et ce poignet pliera sûrement, si le golfeur est subitement saisi par la crainte de ne pas introduire la tête de son club sous la balle. Il y parviendra au contraire sans peine si le swing a été fait selon les règles. Il devra, comme avec le fer, viser à environ un 1/2 pouce derrière la balle, c'est à l'instrument à faire ce que beaucoup de personnes essayent d'accomplir avec leur poignet droit. Je suis certain que sur 50 mauvais joueurs, il y en a 40 dont la maladresse avec le mashie provient de leur obstination à vouloir lancer la balle en l'air comme avec une pelle. Il s'ensuit qu'ils frappent le sol à 2 ou 3 pouces derrière la balle et les résultats sont lamentables. S'ils pouvaient se déterminer à jouer leur mashie shot avec la même tranquillité d'esprit qu'un simple drive, ils feraient de rapides progrès. Ils doivent se répéter que c'est au club à soulever la balle, le joueur n'a pas à s'en inquiéter. Le bon joueur frappe la balle à l'aide du mashie mais il ne la soulève pas ; c'est toute la différence entre la bonne et la mauvaise méthode.

Il est naturel qu'on soit tenté de lever rapidement les yeux. Presque toujours l'endroit qu'on veut atteindre se trouve peu éloigné et bien défini. C'est l'espace compris dans un rayon de quelques mètres autour du drapeau. Il est donc naturel qu'on se préoccupe d'atteindre ce point, où on ne fera jamais parvenir la balle à moins de la regarder assez longtemps pour la frapper avec précision. La tête devra donc être immobile ; le pied droit ne doit prendre part à l'action qu'à la fin lorsqu'on aura lancé la balle, car le joueur conservera plus facilement un équilibre parfait s'il garde le pied droit fixé au sol, même à la fin du coup. Il peut le bouger de telle sorte qu'il soit tourné vers l'intérieur après le coup ; mais il agira prudemment, en laissant ses talons appliqués sur le sol, pendant l'exécution du swing, sous peine de détruire la stabilité qui est si nécessaire.

Voilà donc la formule du coup habituel du mashie *pitch*

and run, qui est pratiqué par tous les bons joueurs. Il existe encore un autre coup d'un caractère plus compliqué, c'est le coup de mashie avec *cut*, un des coups qui ont élevé le golf à la hauteur d'une science. Par malheur, il ne produit plus aussi sûrement aujourd'hui les mêmes effets qu'autrefois avec la balle de gutta. On pouvait alors lancer la balle en l'air dans la direction du trou avec la certitude que si le *cut* avait été bien exécuté, la balle, après avoir atteint le sol, ne roulerait pas d'un mètre. Il fallait savoir estimer la distance avec exactitude et on arrivait infailliblement au but désiré. Actuellement, on n'est jamais sûr de ce que peut faire la balle. Il faut se dire qu'elle roulera après avoir touché terre et, d'après ma propre expérience, il arrive au joueur de changer d'idée durant le swing, quant à l'endroit auquel il veut arrêter sa balle. C'est dommage que cet élément d'incertitude ait été introduit dans ce coup vraiment superbe. Il est également regrettable que bien des jeunes golfeurs, même de grande classe, ne se soient jamais donné la peine d'étudier ce coup. Ils ne pratiquent que le *pitch and run*.

Bien que le *mashie shot* avec *cut* ait perdu de sa popularité à cause de la balle en élastique trop rebondissante, il n'en reste pas moins un coup excellent, et le seul qu'on puisse tenter avec quelque certitude de placer la balle près du trou. Il est exaspérant de se dire que toujours la balle dépassera d'une distance qu'on ne peut prévoir le but qui lui est assigné ; mais c'est une consolation de savoir qu'avec un coup ordinaire, la balle roulerait plus loin encore.

La position à prendre est bien entendu, très importante.

On devra comme précédemment plier fortement les genoux, mais le pied droit sera plus près de la balle de deux ou trois pouces. On reculera un peu le pied gauche, l'orteil plus que jamais dirigé vers le trou. La balle sera placée en face du milieu du pied gauche. On voit immédiatement que cette position a pour but de tourner le corps tout entier et plus franchement vers le trou que pour le mashie shot ordinaire.

Ce à quoi il faut arriver, c'est de tourner rapidement et nettement la face du club en plein sur la balle à l'instant du choc. Au moment critique, l'instrument coupe la trajectoire de la balle, de sorte qu'à peine touchée la balle part. Il est clair que de droite à gauche, dans ces conditions, le *swing* ne s'accomplira pas comme à l'ordinaire. C'est un des rares coups de golf où le corps et la tête doivent se mouvoir légèrement quand on lève le club.

Au lieu de tenir les bras près du corps, le joueur devra les en éloigner pendant le swing ascendant. Il les éloignera de telle sorte qu'au moment où le genou droit se raidit, tout le poids du corps se porte sur la jambe droite au lieu de se porter sur la gauche. Il n'y aura aucune torsion du buste. Le corps suivra simplement le club en arrière, et c'est ce léger mouvement de va-et-vient qui rend ce coup si difficile à réussir parfaitement. N'essayez pas de lever trop haut le mashie (ce *cut shot* est d'ordinaire assez court) afin de ne pas courir le risque de trop vous balancer. Le club suivra en descendant le même chemin qu'il a pris en montant. Au moment du choc, les bras se raidissent et les poignets se tendent. Comme conséquence du swing ascendant, le club en descendant frappera nécessairement la balle sur le côté, et on fera tout son possible pour accentuer cet effet. Ne craignez pas de donner en plein sur la balle un coup sec et net au moment où le contact a lieu. Le joueur habile en pareil cas est mis à l'épreuve, car, pour tirer de ce coup tout le parti possible, la balle doit être frappée avec une sûreté parfaite. C'est pourquoi il est préférable de tenir le club assez bas, afin de diriger plus facilement la tête du club. On devra viser un endroit à environ un yard à gauche du trou, car la balle frappée correctement devra obliquer vers la droite en atteignant le sol.

Aujourd'hui, un grand nombre de joueurs emploient le niblick pour les approches, ce qui est excusable, le *niblick* ayant plus de *loft* que le mashie. Cette particularité donne plus de confiance au joueur et la confiance compte pour beaucoup dans le jeu. Mais pour le golfeur ordinaire, je suis d'avis que le *niblick* est d'un emploi beaucoup plus difficile que le *mashie*. Le premier est pourvu d'un bord plus tranchant et, à moins que la balle ne soit frappée avec une grande précision, ce bord peut s'enfoncer au détriment du coup ainsi que du gazon. Il existe maintenant des instruments appelés *niblick mashie* qui jouissent d'une grande popularité. Je recommanderai au joueur partisan du niblick pour les coups d'approche de ne pas l'employer dans des occasions importantes, à moins qu'il ne soit très habitué à son emploi. Il importe avant tout de connaître les possibilités de son club ; la distance à laquelle un niblick peut envoyer la balle varie incroyablement avec chaque instrument et, si vous ne vous en êtes pas rendu compte par un usage constant, il vaudra mieux employer tout simplement le mashie. Mais, si vous êtes arrivé à juger exactement la force de votre niblick dans les coups d'approche, ne le remplacez pas sous prétexte qu'il vous aura deçu une fois ou deux, à moins, bien entendu, qu'il n'ait quelque défaut flagrant. Il vous faudra longtemps pour apprendre à connaître les particularités d'un autre club. Donc, pour les coups dont nous parlons, connaître son niblick est de toute importance. Dans les bunkers, il arrive très souvent qu'on soit obligé de s'en servir.

Personnellement, j'en suis arrivé à apprécier ce club pour les coups d'approche. C'est avec un niblick que j'ai joué le meilleur coup de ma vie, lors d'un match à Northwood, il y a quelques années. Au dix-huitième trou, j'avais *slicé* mon second coup, ce qui fit tomber la balle à quatre pieds environ du châlet du golf, qui se trouvait ainsi entre moi et le trou. Ce dernier se trouvait donc barré de façon décourageante, et je ne voyais d'autre moyen de me tirer de là qu'en jouant à gauche. Après réflexion, je me décidai à franchir le bâtiment pour atteindre le green. Les personnes qui se trouvaient sous la véranda, furent un peu surprises quand je les priai de s'écarter par crainte de les atteindre. La véranda était protégée par un treillage en fil de fer, mais je savais qu'il me fallait frapper la balle assez fort, non seulement pour l'élever presque verticalement au-dessus du toit de la maison, mais encore pour réussir à l'envoyer sur le green à trente yards plus loin. Elever une balle verticalement n'offre pas de difficulté, mais lui donner l'élan nécessaire pour qu'arrivée à trente ou quarante pieds du sol elle prenne la direction voulue est une toute autre question et je craignais en manquant le coup de causer un accident.

Je pris donc un niblick en cette occurrence. La balle s'éleva à trente pieds verticalement sans avancer de plus d'un yard, puis elle partit, franchit le bâtiment et s'arrêta à un yard du trou. Je manquai le *putt*, triste conclusion, mais ce coup de niblick est le meilleur que j'aie jamais fait et j'en suis naïvement fier.

Le plus souvent le *running up shot* constitue le plus simple moyen d'atteindre le trou. Il y a moins d'obstacles transversaux qu'autrefois, de sorte qu'il est plus prudent de maintenir la balle en caoutchouc — cet objet si capricieux — près du sol pendant toute sa course. Pour ce coup, il faudra se tenir plus en avant que pour le *mashie shot* ordinaire, les mains doivent être devant la balle, ce qui fera que la balle restera près du sol pendant sa course. Si l'on joue avec un *fer* ou un *mashie* il faut, afin de donner à la balle assez d'élan pour franchir un obstacle et rouler ensuite, jouer avec un *pull*. Sans cette précaution, la balle pourrait se heurter à une taupinière ou à un autre obstacle mobile qui l'arrêterait immédiatement. Rien n'est plus simple, il suffit de frapper nettement la balle en arrière et de retourner la main droite. Ce tour donné à la main droite « le geste de fermer une porte à clef, comme l'a décrit Mr. J. Low » est la caractéristique du *pull*. Cependant, on ne devra pas exagérer ce mouvement, disons qu'un demi tour de clef suffira. On calculera le mouvement arrière du club comme dans les autres cas, d'après la longueur des coups projetés ; mais en jouant de la manière indiquée, on obtiendra de longues distances avec un court swing. Le mashie que j'emploie pour les *running up approach* est un club métis, il est presque à angle droit et me rend de grands services dans les occasions les plus variées. Avec son aide, je puis jouer en rasant la terre contre le vent, je fais des *running up shots*, je sors la balle de l'herbe haute, bref, il sauve toujours la situation quand aucun autre instrument ne saurait y parvenir. Un bon métis est un trésor parmi les clubs.

Nous avons donc réussi à approcher du trou de diverses manières et il est grand temps que nous parvenions enfin sur le green.

CHAPITRE VIII

POTER la balle (*putting*) est une question délicate, en parler est plus délicat encore, surtout quand il s'agit de moi. Ceux de mes lecteurs qui m'ont fait l'honneur de s'occuper de mes faits et gestes durant ces dernières années, ont sans doute remarqué le talent avec lequel je manque les *putts* même les plus courts ; ils m'accuseront probablement de présomption, si je prétends leur enseigner le meilleur moyen d'introduire la balle dans un trou situé à une courte distance. Je me bornerai donc à faire ressortir quelques vérités fondamentales et non pas à enseigner à *putter*. Il y a de nombreuses manières de mener à bien cette opération. On ne mettra pas en doute, je suppose, ma compétence à expliquer comment on ne doit pas faire un putt, car je crois savoir aussi bien que personne comment on ne doit pas le faire.

Le putting est différent des autres coups dans le jeu de golf. On a découvert la moitié du secret pour réussir, quand on est arrivé à se convaincre que ce coup n'est pas difficile. Pour le drive ou les approches, le joueur doit se rappeler certains principes bien établis et les suivre scrupuleusement s'il veut atteindre le succès qu'il ambitionne. Il existe pourtant un précepte applicable au putting comme à tous les autres coups, c'est : gardez la tête immobile. Quant à la position et à la manière de frapper la balle, c'est une question toute individuelle ; chaque joueur devra découvrir ces particularités et trouver le club qui lui inspirera la plus grande confiance. Il n'y a qu'un moyen de bien putter c'est d'introduire la balle dans le trou. Avec de la confiance en soi on a déjà gagné la moitié de la bataille ; sans cette assurance poter n'est pas seulement difficile, c'est impossible.

Il sera peut-être inutile de rappeler aux lecteurs que, durant ces dernières années, j'ai manqué souvent de confiance en moi ; principalement au moment de jouer des coups extrêmement faciles, d'une longueur variant de six pouces à quatre ou cinq pieds. Qu'on me permette de décharger ma conscience d'un poids considérable en me laissant raconter mes erreurs ; j'expliquerai pourquoi je les ai commises et les moyens que j'ai trouvés pour arriver à m'en corriger. Et en disant cela, je ne m'avance pas trop à en juger par mon succès sur le green, au moment où j'écris ce livre.

Je commencerai, en renversant l'ordre logique des choses, par raconter ma guérison. Il m'est arrivé parfois de jouer au moment du crépuscule, dans cette lumière indistincte où, même sans être éloigné du trou, je pouvais à peine distinguer la nature du sol entre la balle et le trou. Je voyais le trou et la balle et presque toujours je réussissais à mettre l'une dans l'autre, car, me semblait-il, je n'avais pas à m'inquiéter de difficultés qui pourraient survenir. Si le golfeur peu confiant voulait s'exercer au putting vers le soir, je suis persuadé qu'il réussirait plus aisément qu'en plein jour, il jouerait avec une confiance beaucoup plus grande, ayant juste assez de lumière pour voir le profil estompé des lignes du terrain et pas assez pour s'en exagérer les périls. Il faut évidemment se tenir sur ses gardes ; mais si la crainte vous agite et que vous cherchiez des complications, vous les trouverez sûrement, même si elles n'existent que dans votre imagination.

Cette remarque fera ressortir le caractère particulier du putting, qui tranche sur le reste du jeu. Pour le drive ou l'*iron shot* il y a des degrés dans la chance ; on peut ne les exécuter que médiocrement et pourtant s'en tirer assez bien. Un putt court se montre toujours ou parfait ou désastreux ; il n'y a pas de milieu et il n'offre aucun espoir de salut ; il représente vraiment une épreuve ayant quelque chose de fatal. Pour réussir, il faut apprécier à leur valeur exacte les difficultés du coup et les surmonter sans défaillance. Si la victime se laisse effrayer, si elle s'exagère les complications qui se dressent devant ses yeux, son jeu sera pitoyable. Les nerfs se mettent de la partie et, comme résultat, la tête du malheureux golfeur se met à remuer. Dans la brume, quand l'ombre envahissante ne permet plus d'apercevoir les détails, on arrive bien plus facilement à un bon résultat, c'est du moins ce qui m'est arrivé. Mon remède est peut être étrange, mais il ne l'est pas plus que la maladie.

Il est arrivé à tout le monde, je suppose, de manquer un trou situé à 4 pieds de la balle. Mais dans mon propre cas la chose était particulièrement pénible ; c'est en parlant au passé que je peux seulement espérer l'indulgence. Je n'ai jamais souffert de timidité en prenant part à un concours de golf ; le manque de confiance qui m'envahissait quand j'avais à faire un putt provenait d'une raison pire que la crainte. En visant la balle, je me mettais à songer que ma main droite allait faire un saut et qu'il me fallait la surveiller. Au bout de deux secondes, je ne regardais plus la balle, mes yeux se rivaient sur ma main droite, je ne pouvais résister au désir d'examiner ce qu'elle allait faire. Dès que je sentais l'approche du mouvement fatal, je me précipitais sur la balle pour la mettre dans le trou. Déplorable résultat ; mon corps et ma tête se déclanchaient brusquement et la balle s'enfuyait dans toutes les directions exceptée la bonne.

Quand j'avais á faire un putt à une distance de 3 mètres et plus, j'accomplissais le coup d'une manière satisfaisante ; c'est à 4 pieds du trou que j'apercevais les difficultés du cas ; j'étudiais scrupuleusement la ligne du trou, afin de ne rien laisser à la chance, puis je surveillais ce qu'allait faire ma main. Mais si, sur le premier green cette main n'était pas agitée de ce mouvement involontaire, j'étais sauvé pour toute la partie. Je recommanderai donc de jouer au crépuscule pour stimuler la confiance du joueur, car il y a beaucoup d'imagination dans le fait de voir une ligne de la balle au trou.

Il va sans dire que pour un putt, le facteur le plus important dans la réussite est de tenir le corps immobile, je l'ai appris par d'amères expériences. Chacun de mes insuccès a été dû à un mouvement de la tête, par conséquent du corps, et la majorité des cas semblables sont dûs à la même faute. Les bras et les poignets doivent faire marcher le club à la manière d'un pendule. L'instrument doit mouvoir sans que le corps bouge, ne serait-ce que d'un huitième de pouce. On n'imagine pas une horloge oscillant avec le pendule ; quand vous faites un putt votre tête doit être aussi immobile que le cadran de l'horloge et votre corps aussi stable que la boîte de cette horloge, tandis que vos bras, vos poignets et le club remplissent l'office du pendule. La vérité de cette assertion est prouvée par tous les bons *putters* ; il y a bien entendu l'exception qui prouve la règle : Tom Ball qui, au moment où il avance le club en avant, exécute le même mouvement avec la tête et le corps, c'est pourquoi la hanche gauche, qui au début se trouvait derrière la balle est tournée en face de cet objet au moment du coup. Tom Ball qui est un excellent putter et un golfeur aussi excellent, malgré cette particularité, ne peut qu'être admiré puisqu'il réussit. C'est une nouvelle preuve qu'on peut mettre dans ce coup une forte dose de personnalité, mais il est évident que tous les joueurs ont un tempérament différent et le mieux est de jouer suivant son inspiration. J'insisterai seulement sur ce point qu'on ne devra ni remuer la tête, ni le corps ; le cas cité plus haut n'est pas un exemple à suivre, il serait fatal à 99 joueurs sur 100.

On arrive avec la pratique à connaître la force qu'on doit donner aux coups, la difficulté principale est de diriger la balle dans la bonne voie. Dans presque tous les cas c'est le mouvement de la tête qui fait manquer les *putts* courts. Si vous arrivez à fixer pendant une seconde ou deux la place occupée par votre balle après l'avoir frappée, vous manquerez rarement un *putt* court. Cela signifie simplement que vous avez confiance en vous, vous savez avec certitude que la balle est allée dans le trou et vous n'éprouvez aucune hâte à constater ce résultat. Un excellent moyen d'augmenter cette confiance est de tenir la tête baissée vers le sol jusqu'au mouvement final.

Il y a 12 ou 15 ans quand les *putts* ne m'occasionnaient jamais la moindre peine, je jouais toujours sur le green un coup qui n'était qu'une forme condensée du *push shot*. Je visais la balle en tenant les mains légèrement en avant, je lui imprimais un mouvement de virage par l'arrière à l'aide des poignets et je jouais en rasant le gazon à quelques pouces de l'endroit d'où j'avais frappé la balle. Je me servais pour ce coup d'un *putting cleek*, mais je ne songerais pas à l'employer pour la balle en élastique ; j'essaie de jouer simplement un coup de pendule comme celui que j'ai décrit et qui provoque le mouvement des bras et non du corps. En général, c'est peut-être le plus sûr et le meilleur moyen d'arriver au but. Avec l'aide de M. Arthur Brown j'ai combiné dans ce but un club qui, bien que réunissant les points principaux des autres clubs, en est tout à fait différent. J'en suis franchement enthousiasmé, son assiette et son équilibre sont tels qu'on ne peut faire autrement que d'envoyer la balle dans le trou. Je ne puis exprimer le soulagement ressenti par un homme qui, comme moi, éprouvai durant ces dernières années de si terribles appréhensions sur le green. Seul, le joueur qui a manqué des centaines de putts pendant une saison est capable de me comprendre et je n'admets pas que mon nouvel ami puisse me manquer ; tel est l'effet de la confiance, ce don mystérieux qui survient et disparaît sans qu'on en saisisse la raison.

L'étreinte (*grip*), comme le club, devra être au choix du joueur, suivant ses préférences personnelles. Il vaut mieux entrelacer les mains ou tout au moins les laisser se toucher ; pour le reste, le joueur tiendra son club comme il lui plaira. En aucun cas pourtant, les mains ne doivent être écartées sur le manche, même pas d'un seizième de pouce ; le résultat d'une telle séparation serait déplorable. Depuis que j'ai vu M. W. J. Travis jouer à Sandwich, je considère son étreinte comme théoriquement la meilleure. Si mes souvenirs sont exacts, il place le pouce et l'index de la main gauche sur les trois derniers doigts de la main droite. Il serait peut-être suffisant de mettre l'index de la main gauche sur le petit doigt de la droite. J'ai essayé cette sorte d'étreinte et m'en suis très bien trouvé, pendant les périodes de répit qui succédaient à mes angoisses relatées plus haut. Que le lecteur en fasse l'expérience et il diminuera ainsi le danger d'écarter le club des pieds pendant le swing arrière. Car c'est là un des dangers de ce coup, conséquence du mouvement des bras et des poignets, à savoir que la main droite, essentiellement la main du putt, est apte à faire dévier le club en avant au lieu de le ramener en arrière, de sorte qu'il avance un peu vers le joueur. L'étreinte adoptée par M. Travis semble exercer sur la main droite un contrôle suffisant et l'empêcher de se livrer à des caprices ; aussi, bien que cette étreinte puisse ne pas convenir à tous les golfeurs, elle n'en est pas moins excellente.

La vieille maxime : *Never up, never in,* est toujours aussi vraie. On est facilement trop hardi avec la balle moderne ; pourtant celui qui manque de courage ne réussira pas souvent sur le green. Presque tous les bons putters frappent la balle avec beaucoup de décision. Regardez Tom Ball par exemple ; il applique sur la balle un coup vigoureux, — néanmoins rythmé — et il manque bien rarement son putt. Certains joueurs aiment à jouer le putt avec *cut.* Jack White est le seul joueur excellent que je connaisse qui emploie invariablement cette méthode. La majorité des golfeurs préfèrent le *pull*, qu'on obtient en tournant légèrement la main droite au moment du choc ; c'est ainsi que jouent toujours Willie Park et Arnaud Massy qui sont l'un et l'autre parmi les meilleurs putters de ma connaissance. Quant à moi, je frappe la balle simplement, sans combinaison de *pull* ou de *cut*.

Il est d'ailleurs impossible de dogmatiser quand il s'agit du putting, on ne peut qu'insister sur les quelques points dont j'ai essayé de démontrer l'importance. Autant d'hommes autant de méthodes, voilà bien le fin mot du sujet. J. H. Taylor qui possède un véritable talent pour *putter*, me paraît avoir fait de grands progrès, depuis qu'il a adopté un style particulier ; il fait ressortir son coude gauche qui pointe vers le trou au moment où il vise et joue son coup. James Braid, dont la compétence en ces matières est indiscutable, a l'habitude de s'arrêter un bon moment au sommet du putting swing et plus la pause a été longue meilleur est le coup. Tous les bons joueurs ont leurs particularités.

A mon avis, on ne doit pas étudier la ligne de jeu en se plaçant successivement près de la balle puis près du trou ; on risque de voir deux lignes, quand en réalité le fait d'en apercevoir une seule est déjà un effet de l'imagination. On se crée ainsi inutilement mille difficultés qui disparaissent d'elles-mêmes, si l'on s'exerce au crépuscule ; c'est bien la preuve qu'on n'en doit faire aucun cas. Il faut simplement examiner la balle, puis le trou pour les rapprocher. Quant aux *putts* variant de un yard à quatre pieds, le mieux est de jeter un coup d'œil rapide sur la ligne puis, s'approchant de la balle, de l'envoyer tranquillement dans le trou. C'est un système parfait et c'est celui qu'emploient George Duncan et autres joueurs qui savent estimer les difficultés de ces sortes de coups.

Mais le fait n'en demeure pas moins que sur le green le jeu est influencé au plus haut degré par l'humeur du joueur. Un jour, il me vint à l'esprit d'employer un putter d'un pied de long. Je l'emportai à la Boulie pour disputer le championnat français, je m'en tirai fort bien pendant les deux premiers tours. Mais au commencement du troisième, j'avais à faire un putt de six pouces au plus. Ma main droite se mit à sauter et je dépassai le trou de deux pieds ; sur quoi mon partenaire, un Français, ne put retenir une exclamation bien anglaise : « Good Heavens » ! Je terminai ce tour avec mon fer.

Pour le putt, il importe avant tout d'avoir confiance ; c'est pourquoi le joueur médiocre doit y mieux réussir que le champion. J'avoue que cette assertion ressemble beaucoup à une justification, mais à mon avis, pour un homme qui a une réputation à défendre, le putt court est plus difficile que n'importe quel autre coup. Je me souviens à ce propos d'un incident survenu à Saint-Andrews, où avait lieu un concours entre amateurs et professionnels. Alexandre Herd avait à disputer un match contre un amateur qui réussissait ses putts de tous les coins du green. L'amateur s'en tirait tant bien que mal jusqu'au green, puis faisait un long putt, laissant Herd se débattre sur le green pour partager le trou. Le match était égal entre eux jusqu'au 17e trou, mais au 18e Herd gagna ; puis se tournant vers son adversaire il lui dit : « Je suis bien sûr que vous ne réussiriez pas tous les *putts* que vous avez faits aujourd'hui, si vous jouiiez pour gagner votre vie. » Il y a du vrai dans cette remarque, car la réputation des professionnels dépend souvent de ces *putts* si difficiles à réussir, dès que la confiance nous abandonne. Tenez la tête immobile, exécutez le swing pendule avec les bras et les poignets et ne levez les yeux qu'après avoir terminé le coup. Ces conseils, avec l'assurance qu'on va faire le putt, conduiront au succès sur le green.

CHAPITRE IX

COMMENT SORTIR DES DIFFICULTÉS

ADMETTONS que nous soyons dans un *bunker*, infortune que jusqu'ici nous avons voulu retarder. Nous avons joué quantité de coups avec des clubs variés, nous avons réussi à *putter* et si bien même que cette tâche nous a paru aisée. Elle l'est quelquefois en effet. Si nous nous sommes complus dans l'optimisme, il est grand temps d'examiner le côté sombre des choses. Il est bon d'avoir confiance en soi, mais on risquerait fort de se repentir, si dans un match on exagérait ce sentiment. Quelle désillusion cruelle après ces minutes d'enthousiasme, où le joueur perd la notion exacte des choses. Qu'on me laisse lui rappeler qu'en bien des occasions, il aura à envisager des situations périlleuses et à rechercher les moyens d'en sortir.

Je suis arrivé depuis longtemps à cette conclusion que pour sortir une balle de ce piège perfide qui a nom bunker, il vaut mieux s'en tenir aux procédés les plus simples plutôt que de chercher à accomplir d'inutiles prouesses. Il y a naturellement des situations dont on ne peut sortir qu'après des efforts surhumains comme par exemple la suivante. Votre adversaire est arrivé près du trou et vous, ayant joué le même nombre de coups, tombez dans un bunker. Dans un cas ordinaire, il n'y a pas de meilleur tactique que d'en sortir par le moyen le plus simple, quitte à rattraper plus tard le coup perdu. Et moins le joueur sera habile, plus cette tactique sera recommandable. Je crois cependant, dans le cas d'une balle à moitié enterrée dans le sol du bunker, qu'un joueur à handicap sera souvent plus enclin qu'un scratch à tenter de faire avec le niblick un meilleur coup.

En définitive, au joueur qui sera placé dans ce mauvais pas, je donnerai le conseil suivant : contentez-vous d'en sortir, ne soyez pas trop ambitieux.

Nous voilà donc en présence d'une balle enfoncée dans le sable ou toute autre substance molle qui en cache la base. Quand, par un heureux hasard, la balle se trouve bien assise ou comme surélevée sur un tee, on peut la jouer avec le club qui semble le plus commode, après avoir calculé la distance qu'elle doit parcourir, ainsi que l'élan nécessaire pour traverser le bunker. Comme je l'expliquerai dans un prochain chapitre, les professionnels essaient généralement le *push shot* dans de pareilles circonstances, mais il s'agit maintenant de tirer notre balle d'un très mauvais endroit.

Nous devons fixer l'œil sur un endroit situé à 1 pouce et 1/2 ou 2 pouces en arrière de la balle et pénétrer profondément dans le sol par un vigoureux coup de niblick. Dans ce cas, il nous faut exécuter un plein swing ayant autant d'ampleur que celui d'un drive ; ce swing toutefois devra être plus vertical, car il nous faut creuser suffisamment pour extraire la balle de sa retraite ; il n'est pas question ici de balayer la balle. Le joueur tournera nettement son corps dans la direction où il veut envoyer sa balle, les jambes un peu plus écartées que pour le mashie shot ; il lèvera le club presque verticalement jusqu'au sommet du swing, puis le rabaissera de toute sa force à un pouce et demi ou deux pouces derrière la balle, en avançant légèrement le corps et en portant tout le poids du corps sur la jambe gauche au moment du choc. Le club ne doit pas entrer en contact avec la balle pendant ce coup. Le joueur devra entailler vigoureusement le sable — ou la substance du sol quelle qu'elle soit — derrière la balle qui jaillira de sa retraite, et s'élancera souvent à une distance considérable. Le coup est fini quand la tête du club est enfoncée dans le bunker ; en pareil cas on n'a pas à s'inquiéter de la finale du swing, le club a rempli sa tâche, quand il a atteint l'endroit qu'on avait visé derrière la balle.

J'ai à peine besoin de dire que moins la distance à laquelle vous désirez envoyer votre balle est longue, plus vous devez entamer par derrière le sable dans lequel elle se trouve emprisonnée. Il faut toujours frapper fort dans un bunker, c'est une règle absolue, mais il va sans dire que plus vous creuserez loin de la balle moins elle sentira les effets du coup. Sur des links inconnus, un coup dans un bunker est toujours aléatoire, car il est difficile d'apprécier exactement la consistance du terrain.. Quand un bon golfeur joue deux coups pour sortir d'un accident du terrain, c'est généralement qu'il n'a pas su estimer exactement la résistance du sol. Il aura visé trop loin derrière la balle. Personne n'a le droit d'appuyer et de reposer son club à terre dans un bunker ; c'est pourquoi même le bon joueur se trompe quelquefois sur la consistance du sol. Il est rare qu'un joueur ayant une longue expérience manque son premier coup pour avoir montré trop de hardiesse en présence d'une balle à demi ensevelie, ce sera plutôt pour avoir joué trop timidement.

Dans le chapitre concernant le mashie, j'ai parlé du danger d'élever en l'air la balle sur la face du club, je ferai la même observation à propos des coups dans un bunker. Il est de beaucoup préférable de creuser derrière la balle avec toute votre force, plutôt que d'essayer d'introduire un niblick sous la balle et de la soulever ainsi avec le club. Le sable — ou même une autre matière plus résistante — étant frappé au bon endroit et avec la force nécessaire se dessaisira presque toujours de sa proie. Quand la balle se trouve juchée sur la partie supérieure de l'obstacle, on peut souvent jouer un *cut shot* comme avec le mashie, à condition que le *lie* soit bon, mais dans ce cas le coup vaut la peine d'être tenté par le joueur expérimenté. Souvent il lui permet d'atteindre le green sans autre coup. Naturellement il lui faut jouer à gauche (du reste en de tels cas, qu'on se décide pour le *cut* ou pour le coup simple, il faut jouer de côté), et comme pour le mashie, on ramènera le club en plein sur la balle après un swing ascendant dans lequel les bras ont légèrement écarté l'instrument du corps. Ce coup n'est recommandé cependant que dans cette situation particulière : une balle dans un bon *lie*, à la surface d'un obstacle protégeant le green. D'ordinaire, on enfoncera le niblick vigoureusement derrière la balle, sans craindre d'exagérer, car le club ne pénétrera jamais trop avant dans le sable. En procédant de cette manière on obtient souvent des coups d'une longueur très appréciable.

Même dans l'argile, par exemple dans un fossé desséché, on peut avoir recours à la tactique que je viens de décrire, bien que l'argile soit souvent résistante ; on devra en pareil cas viser très peu en arrière de la balle, disons à un demi pouce ou à un pouce. Si vous essayez de détacher deux ou trois pouces de cette terre adhérente, vous pourrez très bien la recevoir sur la face de votre club, mais vous n'enlèverez pas votre balle du bunker. A moins que vous ne puissiez donner à la balle un coup nettement frappé à sa surface, il n'y a qu'un moyen de la jouer, c'est de creuser la terre par derrière. Bien que parfois il soit nécessaire d'y mettre une grande vigueur, j'ai rarement rencontré un sol dont on ne pouvait pas extraire la balle. Je n'oublierai jamais un coup merveilleux que j'ai vu jouer par M. Joshua Taylor à Clacton-on-Sea dans un fossé très argileux ; il a dû sûrement enfoncer la tête de son niblick à presque un pied dans le sol, mais il en tira sa balle et même si mes souvenirs sont exacts elle tomba bien près du trou.

Quelquefois, sur des terrains de construction plus ou moins ancienne, on trouve la balle adossée à la partie postérieure d'un bunker. Sur des terrains plus récents ceci se présente rarement, parce que la méthode actuelle de construire des bunkers est de descendre presque perpendiculairement à plusieurs pieds de profondeur en formant ainsi le dos de l'accident de terrain ; tout le bunker est au-dessous de la surface du sol et sa profondeur est la même partout. C'est sans contredit le meilleur principe, car la balle qui tombe dans l'accident de terrain glisse rapidement au bas de la paroi de derrière du bunker et roule assez loin en avant, pour permettre à son propriétaire de l'en faire sortir avec son club. C'est une des tendances actuelles de creuser profondément les bunkers ; c'est là que résident maintenant les difficultés que nous trouvons dans les bunkers. L'ancien bunker commençait presque de niveau avec le sol et il était compliqué par l'érection d'un talus sur le côté le plus éloigné. Il y a encore des milliers de ces bunkers et quand la balle roule dans l'un d'eux au point de se coller juste contre la paroi de derrière qui est peu profonde, cette position est vraiment peu commode. Quelquefois il est nécessaire d'entailler franchement le gazon pour exécuter le coup ; parfois il n'y a pas d'autre alternative que de jouer de côté. Aucun de nous n'aime à jouer au golf à la manière dont un crabe avance ; il semble si dépourvu d'héroïsme d'avoir à se détourner de sa ligne. Malgré cela, je ne voudrais pas décourager le joueur mediocre et l'empêcher d'adopter la voie la plus sûre de sortir en se dirigeant sur les flancs, quand il se trouve comme attaché au dos du bunker. Sa principale préoccupation doit être de se tirer d'affaire en un seul coup. S'il peut trouver une sortie qui le mène loin, c'est bel et bien. Mais si la situation est le moins du monde douteuse, qu'il soit satisfait s'il s'en tire en éloignant la balle de quelques mètres et qu'il soit reconnaissant de ce modeste résultat, toujours à la condition que cela ne lui coûte pas plus d'un coup.

Le faible du golfeur médiocre, quand il lui a fallu 6 coups pour atteindre un simple trou dans un concours, est qu'il perde ses chances de retourner une bonne carte grâce à un mauvais coup dans un bunker au trou suivant. La raison en est simplement qu'il a voulu faire merveille pour sortir d'un bunker de façon à ne pas jouer de nouveau 6 coups. Sa récompense arrive comme la foudre : il en joue 7 au lieu de 6.

Quand le terrain est très dur, c'est quelquefois une chance de se trouver dans un bunker près du green. Si vous connaissez votre bunker (j'entends s'il n'est pas d'une nature à se venger effroyablement de celui qui lui a rendu visite) et que vous connaissiez bien les ressources de votre niblick, il vaut souvent mieux se trouver dans le sable que dans le gazon. Ce n'est pas une simple remarque philosophique ; c'est un bon conseil. Après une grande sécheresse, il peut être difficile de faire arrêter la balle sur le green même après avoir fait un bon coup d'approche du *fairway*. Si vous savez exécuter un coup dans le bunker, vous pouvez prendre autant de sable qu'il vous en faut pour arrêter la balle et l'obliger à s'élever si doucement qu'elle vienne se poser auprès du trou. Il est plus prudent dans certains cas, en faisant un long coup vers le green, de longer les accidents de terrain de côté et même d'entrer dans l'un deux plutôt que d'envoyer la balle droit au milieu et de risquer ainsi beaucoup d'ennuis au delà du trou.

A ce sujet les particularités du dix-septième trou, le fameux *Road hole* à Saint-Andrew me reviennent à l'esprit. Quand le sol est dur, le jeu normal est de placer le second coup au pied de la pente en avant du green, de gravir cette pente, d'obtenir un 4, tout en se contentant d'un 5. Mais si vous avez envie d'adopter une audacieuse tactique, il vaut mieux aller à gauche, en dépit du bunker qui vous attend, plutôt que de jouer droit et de risquer de finir sur le chemin redouté d'où vous retournerez probablement dans le bunker. Ce dernier obstacle est parfait pour exécuter un coup de niblick profond en arrière de la balle ; il y a beaucoup de chances pour arriver à proximité du trou ou tout au moins assez près pour obtenir un 4. On raconte que quand Braid se trouva dans ce bunker au troisième tour du grand championnat de 1910, championnat du jubilé, où il remporta une si brillante victoire, il enleva presque un seau de sable pour jouer un coup de quelques mètres. Des personnes présentes déclarent que tout le green trembla quand son club pénétra dans le sable. Un bon joueur sait au juste ce qu'il doit faire dans un bunker ; mais personne ne sait exactement avec la balle de caoutchouc comment jouer une approche sur une surface unie comme le diamant pour atteindre un green qui en a également la dureté. Un des résultats de l'adoption de la balle de caoutchouc — si rebondissante — a été de faire des bunkers des refuges momentanés à proximité du green.

Je sais que souvent j'ai, de propos délibéré, dirigé ma balle dans un bunker à l'effet de pouvoir, au coup suivant, la placer près du trou. Quand nous fûmes partenaires Braid et moi contre Duncan et Mayo à Walton Heath, il y a quelques années, je n'ai pas craint d'envoyer mon partenaire dans le bunker sur la gauche du cinquième trou, et je le fis à chaque tour. Je savais que de cette place il était sûr d'aller tout près du trou et, en effet, il n'y manqua jamais ; nous gagnâmes le trou chaque fois. Nous ne sommes pas tous de la force de Braid qui se tire avec succès de n'importe quelle situation ; mais, à un certain point de vue, il y a toujours avantage à examiner si la difficulté peut être mise à profit. Je me rappelle une autre partie à quatre, sur un terrain médiocre ; mon partenaire et moi nous décidâmes de jouer à certains trous dans le *rough*, où il était possible d'avoir un meilleur lie que sur le fairway argileux et trempé d'eau. Nous gagnâmes aisément, mais quelques journaux remarquèrent que nous n'avions pas fait du très bon golf, parce que nous avions joué trop souvent en dehors de la ligne droite. Il y avait de la méthode dans notre soi-disant maladresse.

Maintenant que les bosses et les creux sont devenus si à la mode, un coup de bunker peut se présenter quelque fois quand il n'y a pas de bunker. Lorsque votre balle est au pied d'un monticule assez haut, placé juste sur la ligne du trou et droit devant votre nez, au point d'empêcher toute espèce de coup ordinaire, la seule manière de vous en tirer est de frapper derrière la balle (*stab shot*) comme vous le feriez dans le sable et de compter sur le sol pour soulever la balle en l'air ; ceci ne peut d'ailleurs se faire que quand l'herbe est très courte. La quantité de terre que vous avez à prendre derrière la balle est subordonnée à la nature du sol ; dans aucun cas elle ne sera aussi considérable que dans le sable. Un pouce derrière la balle suffit généralement; il faut surtout ne pas oublier de creuser avec le niblick dans le sol comme on le ferait dans le sable et de bien l'y enfoncer, autrement la balle ne passera pas par dessus le monticule, en raison du swing qui est forcément court. Il faut aussi avoir bien soin de replacer le motte de gazon là où on l'a soulevée, car d'autres joueurs peuvent avoir à sortir leur balle du même endroit.

On jouera avec beaucoup plus de facilité le *stab shot* en portant le corps légèrement en avant et le poids presque entièrement sur la jambe gauche, puisque le club doit s'enfoncer assez profondément dans la terre. Dans l'herbe haute, il est impossible d'enfoncer un niblick ; cet instrument spécial peut être employé dans bien des cas et se conserver intact en dépit d'un travail qu'un marteau de forgeron ne supporterait pas ; mais il lui est impossible de pénétrer verticalement dans l'herbe haute pour soulever la balle en l'air. Quand l'herbe est épaisse et qu'une butte de terre fait face au joueur, ce qui se présente souvent, la tactique à employer est différente de celle qui est en usage pour le bunker ordinaire. La seule manière de procéder est de viser à quelques pouces en arrière de la balle, de couper le gazon à la racine et enfin de rejeter le corps en arrière, au moment du choc, en appuyant tout son poids sur la jambe droite. Dans une herbe aussi longue qu'épaisse, il est toujours nécessaire de viser bien en arrière de la balle, quelquefois même à 5 ou 6 pouces de distance, de façon à couper l'herbe à la racine avant d'atteindre la balle. Il y a des circonstances où l'herbe s'envole par touffes et vient couvrir la tête du joueur comme pour le couronner ; mais c'est cependant la manière de se tirer d'affaire. Si vous vous trouvez simplement dans de l'herbe haute sans avoir devant vous un obstacle très élevé, naturellement il est inutile de porter votre corps en arrière quand le club touche la balle ; en pareil cas le poids doit se répartir également sur les deux jambes. Encore est-il important de viser un peu en arrière de la balle et de couper droit à la racine de l'herbe, au lieu d'arriver directement sur la balle et d'essayer de l'extirper de son enchevêtrement. Les tiges de l'herbe enveloppent généralement la balle comme si elles étaient décidées à la conserver. Il faut les couper comme il a été indiqué ; dans l'ajonc comme dans l'herbe longue, il est indispensable de viser bien derrière la balle et de tailler en plein dans le fourré ; c'est une rude besogne, je vous souhaite d'avoir à l'accomplir le moins souvent possible.

Tels sont les principes généraux à suivre pour se tirer d'affaire dans les différents genres de difficultés qui peuvent se présenter ; je ne prétends d'ailleurs pas qu'il n'y ait pas d'autres procédés à employer. Il y a plus de cent situations difficiles et plus de cent manières d'en sortir. Beaucoup doit être laissé au jugement du joueur et à la notion qu'il a de sa propre force. Les coups ci-dessus décrits sont applicables aux cas qui se présentent le plus fréquemment. Restons en là ; et cessons de considérer tant d'éventualités malheureuses pour en envisager de plus séduisantes.

CHAPITRE X

Il vient un moment où notre jeu s'améliore sensiblement ; nous en éprouvons une grande joie et ne doutons plus de la possibilité d'exécuter correctement les coups faciles. L'époque la plus décevante de la vie du golfeur est celle où, pendant son noviciat, il n'a foi qu'en sa maladresse. Il fait un swing admirable quand la balle n'est pas là, mais, lorsqu'elle est placée devant lui, les difficultés de la frapper se pressent en foule dans son esprit. Dès le premier moment, il se demande s'il va réussir ; avant même d'avoir visé la balle, il est saisi par un mélange de résignation et de désespoir. C'est la période où l'enseignement oral est d'un effet moral excellent. Le professeur n'a rien de mieux à faire que de répéter : « vous jouerez parfaitement bien si vous faites ce que je vous dis » ; ces mots font naître la confiance dans l'esprit de celui qui doute. Je dois avouer toutefois que l'instructeur doit à l'occasion exercer une certaine contrainte pour obtenir l'effet désiré. J'ai connu un joueur qui avait constamment besoin de cet encouragement et invariablement répondait : « oui, mais si je frappe la balle je suis sûr de rire tellement que je ne pourrai pas recommencer. » C'était vraiment énervant ; il est assez facile de dire à quelqu'un de ne pas remuer la tête, mais lui dire de ne pas rire de joie à la vue de son succès est presque inhumain. Le pire est qu'il avait bien raison de craindre ses dispositions au rire car, chaque fois qu'il avait fait un bon coup, il était tellement exalté et riait de si bon cœur qu'il était inutile d'attendre quoi que ce soit de lui avant un long moment.

Tôt ou tard, le golfeur sérieux et assidu atteint un degré de force suffisant pour se rendre compte qu'il sait accomplir les coups ordinaires. La défiance en son savoir (qui constitue le plus grand et le plus habituel désavantage du novice) a disparu; il est temps pour lui d'apprendre le coup le plus efficace du golf, à mon avis du moins, je veux parler du *push shot*.

Je crois qu'on peut dire en toute vérité que le niveau des amateurs est tombé au-dessous de celui des professionnels. M. H. H. Hilton nous a presque battus tous au championnat omnium de Sandwich en 1911 et j'ai conservé le souvenir d'avoir attendu près d'une heure autour du *home green* pendant qu'il était en train de réaliser un exploit tout à fait inquiétant pour moi en particulier; mais ce haut fait accompli par un véritable grand joueur est exceptionnel; les données qu'on a pu recueillir ces dernières années prouvent généralement que les professionnels ont su conserver leur supériorité sur les amateurs. On a beaucoup discuté cet état de choses et j'ose avancer que l'explication se trouve dans le fait que les professionnels tirent un meilleur parti du *push shot*; c'est la raison de leur succès et, si les amateurs voulaient pratiquer ce coup aussi assidument que les professionnels, je crois que la différence entre les deux catégories de golfeurs serait de beaucoup diminuée.

Quelques amateurs jouent le *push shot* et le jouent bien, mais c'est une infime minorité; la grande majorité n'apprécie ni la beauté scientifique, ni la possibilité pratique de ce coup. Les professionnels ont recours au *push shot* en maintes occasions et le trouvent très utile, ils le jouent avec un niblick dans les bunkers quand la balle est un peu surélevée. Vous entendez quelquefois des spectateurs qui suivent le jeu des professionnels faire cette remarque : « je ne comprends pas comment ces gens s'arrangent pour aller si loin en sortant des *bunkers* » ; le push shot est l'éclaircissement du mystère. Sa caractéristique, quand il est bien joué, est d'élever la balle vivement tout en l'empêchant de voler trop haut et de perdre ainsi de la distance et il est clair qu'on ne peut pas exiger d'une balle jouée dans un bunker qu'elle se comporte mieux : on désire à la fois, l'élever vivement pour éviter le front de l'accident de terrain et la faire aller loin; le push shot réalise ces deux buts. Le *back-spin* a une influence énorme ; un instant après le choc, la rotation est si forte que la balle, revenant rapidement dans la direction opposée à celle où elle allait, est forcée de monter vivement en l'air. Elle essaye de revenir en arrière pour ainsi dire, mais la force du mouvement en avant est trop forte et le conflit qui s'établit entre les deux forces oblige la balle à s'élever. Presque immédiatement les deux forces se mettent d'accord. La balle qui a été bien frappée avec un trois quart de swing a une tendance à aller droit devant elle, c'est forcé, mais la rapidité du choc une fois épuisée, la rotation arrière oblige le coup à s'amortir pour ainsi dire, en sorte que les deux influences coopèrent à l'unisson pour le plus grand bien du joueur. La balle doit nécessairement aller dans la direction où elle a été lancée, mais le mouvement de rotation l'oblige à rester basse et maintient son vol dans le même plan pendant un temps inimaginable. Elle va toujours droit tant que dure sa force, puis elle tombe aussi vivement qu'elle s'était élevée, et ne roule que quelques mètres. C'est incroyable à quelle distance on peut lancer une balle hors d'un bunker en jouant ce coup avec un niblick.

Comme je l'ai dit précédemment, la balle doit pour cela être un peu surélevée ; si elle est un tant soit peu enfoncée dans le sol, le coup dont traite ce chapitre ne peut pas être considéré comme d'un usage pratique. Il est vrai que nous ne sommes pas censés envoyer notre balle dans les *bunkers*. Malgré cela la nature humaine est si faillible que nous ne pouvons éviter de venir en contact avec eux de temps à autre et il est absolument nécessaire de considérer la meilleure manière de s'en tirer avec succès ; mais en discutant le push shot, il est plus agréable de supposer que nous sommes toujours sur le *fairway*. Pour un golfeur adroit qui pratique assidûment ce coup, il peut être exécuté avec avantage et réussite à l'aide de n'importe quel club. James Braid le joue souvent du tee avec un *driver*.

Il n'y a pas bien longtemps, j'ai fait une partie de 36 trous avec lui à Walton Heath ; rien dans ma vie de golfeur ne m'a impressionné autant que la manière dont il exécuta le *push shot* à cette occasion, en utilisant n'importe quel club. Honnêtement, je ne crois pas qu'il ait d'égal pour ce coup. C'est le coup que je préfère (au temps de la balle en *gutta* je crois que je le réussissais bien) mais aujourd'hui je n'obtiens pas aussi souvent le même succès qu'autrefois. C'est le coup par excellence ; il mérite une sérieuse étude pour tout golfeur qui aspire à devenir *scratch*. Il exige une extrême exactitude et une parfaite harmonie dans certains mouvements peu usuels ; néanmoins, il est à la portée de quiconque se croit capable de jouer un coup convenablement ; il s'acquiert par une intelligente pratique ; un joueur ayant handicap moyen peut se flatter d'en avoir trouvé le *truc*. Sinon je lui recommanderai d'abord de perfectionner les coups simples, avant de s'attaquer à ceux qui sont plus compliqués.

J'ai fait ressortir le fait que le *push shot* pouvait se jouer avec tous les clubs, car il est communément admis qu'il ne doit l'être qu'avec un cleek ou un iron. Souvent on lit que M. Untel est remarquable dans son *push shot* avec un *cleek*. Tout en admettant la véracité de l'observation, il est probable que le sus nommé M. Untel est également habile à faire un push shot avec un *iron*, un *mashie* ou un *niblick*. A la vérité les professionnels le jouent avec tous leurs *iron clubs* et Braid, comme je l'ai déjà dit, a recours à ce

coup avec son driver, quand il veut empêcher son *tee shot*
d'aller trop loin. Une maîtrise complète de ce coup rend
un joueur excellent, de bon qu'il était; c'est pourquoi il
vaut la peine d'être étudié.

Bien que ce soit un coup à faire avec tous les clubs, le cleek
est le meilleur instrument pour commencer à le pratiquer.
Avant de décrire la manière de l'exécuter, qu'il me soit permis
de donner une idée du coup. D'après ce que je crois, car il
est impossible de voir exactement ce qui se passe, il doit se
produire dans ce coup, au moment du choc, un mouvement
de rotation de la balle sur la face du club; le golfeur n'a
pas besoin de se préoccuper de produire cet effet, il se
fera de lui-même, si le coup est convenablement joué. C'est
ce qui constitue l'essence même du coup; il produit le *back
spin*, pendant que la force du coup projette naturellement la
balle en avant. Voyons maintenant la manière d'obtenir
l'effet, manière qui doit être précise, quoiqu'elle ne soit pas
un problème aussi difficile à beaucoup près qu'il ne le paraît
à l'expliquer. Le swing doit être nettement plus vertical
que pour un cleek ordinaire. Le club doit s'élever beaucoup
plus droit que pour n'importe quel autre coup du jeu et
ceci étant, trois quarts de swing seulement sont nécessaires.
Le swing étant perpendiculaire, on aura une position plus
rapprochée de la balle que pour un coup de cleek ordinaire.
Le joueur doit être de plusieurs pouces plus près de la
balle, parce qu'au lieu de faire tourner son club autour de
lui par un simple mouvement de propulsion, il doit s'efforcer de tomber sur le côté de la balle, si je puis m'exprimer
ainsi. Il semblerait je le sais qu'il s'en faille d'un rien pour
arriver au *topping*.

Vraisemblablement le joueur passera par une période de
douloureux purgatoire dans ses efforts pour exécuter le
coup, mais il ne doit s'en prendre qu'à son inaptitude à se
servir de ses coudes et de ses poignets, au moment du
choc. Il est clair que le simple coup qui envoie la balle
en avant ne peut pas produire la rotation arrière, abso-

lument essentielle ; il faut que la face du club porte sur le flanc de la balle, de telle sorte que cette dernière grimpe sur la face du club, celui-ci communiquant à la balle un mouvement de rotation pendant que le mouvement avant s'accélère. Nous nous sommes tenus plus près de la balle que pour un coup de cleek ordinaire ; la position, elle aussi, doit être nettement plus en avant ; dans tous les cas les mains ne doivent jamais se trouver derrière la balle pendant qu'on vise ; de fait elles doivent être à un pouce ou deux en avant. Les yeux doivent être concentrés non pas sur le gazon immédiatement derrière l'objet, mais à l'extrémité de la balle la plus éloignée du trou. Quand nous jouons un coup de cleek ordinaire, nous effleurons le gazon quelques pouces en avant de la balle, de façon à permettre au *loft* du club de produire immédiatement son effet, effet qu'on obtient de manière toute différente avec le *push shot*. Pendant un instant infinitésimal, il se produit quelque chose qui donne naissance à la rotation arrière, avant que l'action d'élever la balle ait eu le temps d'être effective. On doit faire descendre l'instrument de telle sorte que la partie postérieure de la balle soit frappée par un point de la face du club situé de préférence plus près de la base que du sommet, car nous voulons vraiment topper à moitié la balle. Nous avons vu que les mains sont placées en avant, de telle façon que, quand le contact s'opère à la partie arrière de la balle et non en dessous, plus de la moitié du club entre la base et le sommet est penchée en quelque sorte sur la balle.

Inutile de dire que cette position ne dure qu'un instant. Nous ne pouvons ni nous arrêter, ni réfléchir ; nous ne pouvons même pas y jeter un coup d'œil. Néanmoins cette première opération est la plus essentielle du coup, c'est un point sur lequel les meilleurs commentateurs du *push shot* sont d'accord.

Parlons maintenant du mouvement simultané et rythmé qui complète le coup. Au moment du choc, au moment précis, ni un peu avant, ni un peu après, le joueur doit redresser les coudes, raidir les poignets et laisser le corps aller en avant de quelques pouces avec le club. La prompte action des coudes et des poignets poussera la face du club sous la balle quand les bras se porteront en avant, et le corps, avançant légèrement dans la même direction, secondera le résultat. Le sol sera effleuré aussi peu que possible en avant de la place où reposait la balle. Il ne faut pas abréger le swing en avant, il faut le prolonger, parce que les poignets et les coudes doivent se détendre à leur état normal, aussitôt que le push shot a été exécuté.

J'ai à peine besoin de dire que le secret du succès est d'obtenir un ensemble parfait de mouvements; les bras doivent être droits, les poignets raides et le corps se porter en avant à l'instant même où le club rencontre la balle. L'effet se fera immédiatement sentir. La face du club tournera sous la balle, tout en la ramassant résolument. Les deux seront en contact un temps impossible à apprécier, mais suffisant pour que la balle grimpe sur la face du club pendant qu'elle est lancée en avant ; c'est ce qui produira la rotation arrière. Une solide étreinte est nécessaire et je peux répéter le conseil de laisser les poignets et les coudes se détendre, aussitôt que la balle est frappée, afin de faciliter le swing en avant.

Cette description semble faire du push shot un coup de jonglerie, c'est pourtant une explication fidèle du coup tel que je le joue moi-même. A différentes repriees, j'ai lu dans des journaux sérieux des articles traitant du push shot et donnant une fausse impression de son véritable caractère. C'est ainsi que j'ai lu que la mécanique élémentaire enseigne que pour élever une balle en l'air et obtenir un vol précis et droit, il faut que le club frappe le centre de la balle ; je ne suis pas grand clerc en la matière, mais je sais pratiquement comment un *push shot* doit se jouer. Si au début du coup, vous frappez la balle au-dessous du centre, vous lui donnerez un mouvement de rotation arrière insignifiant, à peine différent d'un lofting shot ordinaire. Ce que vous devez faire c'est de porter la face du club contre la balle juste au centre de sa masse et, par l'effet simultané du redressement des coudes, de la raideur des poignets et du mouvement en avant du corps, vous forcerez la face de l'instrument à faire presque la moitié du tour de la balle.

J'ai dit qu'il était impossible, à moi comme à tout autre, de dire ce qui se passait au moment où le club et la balle entrent en contact et je puis ajouter qu'il est également impossible de voir le club frapper la balle. Laissez-moi discuter la question à un autre point de vue : un bon joueur est toujours conscient du résultat qu'il désire atteindre, quel que soit le club dont il se sert ; s'il frappe sa balle à chaque coup de la manière dont il désire la frapper, il sait qu'il se sert de son club et frappe sa balle exactement comme il le doit dans la circonstance. Autrement nous arriverions à cette conclusion que tous ses coups sont des coups heureux, obtenus à son insu, par des procédés différents de ceux qu'il s'efforçait d'employer.

Ce serait évidemment absurde. En conséquence, quoique je n'aie pas vu positivement le club frapper la balle, je sais que le *push shot* s'exécute de la manière que j'ai décrite.

J'ai longuement traité le sujet et tenté de rectifier de mauvaises opinions, parce que je sais que le *push shot* est un des coups les plus importants du golf et qu'il doit être pratiqué par tous les bons amateurs, s'ils ont à cœur de ne pas encourir le reproche que, dans l'ensemble, le niveau de leur jeu a des tendances à tomber sensiblement au-dessous de celui des professionnels.

CHAPITRE XI

LE GOLF LORSQU'IL FAIT DU VENT

C'EST un grand avantage pour tous les golfeurs d'apprendre ce jeu au bord de la mer. Il est inutile de dire à ceux qui en étudient l'histoire que tous les joueurs en renom ont commencé leur initiation au bord de la mer, ou tout au moins dans un endroit élevé et exposé aux quatre vents du ciel. Le meilleur champ d'expérience est celui où le vieux Borée s'efforce d'imposer son autorité. Il est bien évident que nous ne désirons pas que le vent souffle en tempête, chaque fois que nous allons faire une partie (l'humanité est même si timorée que si elle avait le droit de dire son mot, elle voterait la suppression complète de toute espèce de troubles atmosphériques dans la région des terrains de golf) ; il n'en est pas moins vrai que le fait d'être aux prises avec un vent violent, aide plus que toute autre cause à faire de quelqu'un un golfeur accompli.

Les joueurs de foot-ball et de cricket peuvent acquérir une rapide renommée en faisant leurs débuts sur n'importe quels terrains : parcs suburbains, enclaves de terre en friche, partout enfin. Un homme véritablement doué pour le golf fera tôt ou tard ressortir ses aptitudes, c'est un privilégié ; mais deux fois favorisé est-il d'avoir l'occasion de développer de bonne heure ses moyens au bord de la mer, car la nécessité le rendra inventif. L'air y est en général assez agité et il faut s'ingénier à en atténuer les effets. Un coup franc et droit ne remplit pas toujours son but. L'esprit est stimulé ; il faut souvent imprimer à la balle un mouvement de rotation qui lui permette de maîtriser le vent. C'est alors que le joueur acquiert la plus haute connaissance du golf ; il apprend à faire faire à la balle tout ce qu'il veut. Quand il joue ensuite sur un terrain situé à l'intérieur des terres, il se peut qu'il ait à se familiariser avec de nouveaux coups (le gazon en général est tout différent du sol auquel il est habitué), mais son éducation faite au bord de la mer lui permet de surmonter toutes les difficultés. Quand un vent fort s'élève, comme il arrive quelquefois dans les endroits même les plus abrités, il ne s'en trouve pas fortement incommodé. Quand, même en l'absence de vent, l'occasion se présente de faire quelque chose d'inusité, comme par exemple de contourner un obstacle pour atteindre le green, le joueur formé au bord de la mer est généralement à la hauteur de sa tâche.

Les principes à appliquer pour exécuter un *pull* ou un *slice* sont les mêmes, que l'on cherche à produire l'un ou l'autre. Si vous avez fait un mauvais drive et que vous ne puissiez atteindre le green que par un *slice* contournant un obstacle, la manière d'exécuter le slice ne diffère pas de celle qui vous fait ruser avec le vent, de telle sorte que la force de ce dernier combiné au mouvement de rotation que vous avez imprimé à la balle, peut la faire dévier de la ligne droite pour l'y ramener ensuite. S'il ne s'agit que d'un obstacle, votre intention n'est probablement pas de revenir sur la ligne, ce que vous voulez c'est un *slice* pour compenser l'effet d'un pull ou vice versa.. Dans l'autre cas, c'est le vent seul qui influencera le trajet de la balle et cette dernière devra être renvoyée de la ligne, de telle façon que, sous l'influence du vent et du mouvement de rotation, elle reprenne sa propre direction, sans préjudice de la distance. Il en résulte, que suivant les circonstances il y a plusieurs degrés de *slice* et de *pull* ; seule l'expérience enseignera au golfeur celui qui convient, suivant le cas.

C'est le vent qui nécessite le plus souvent l'usage de ces coups. Si vous vous trouvez aux prises avec un genre d'obstacle que vous ne puissiez pas surmonter, par exemple un petit bois, une maison, faites un rapide *slice* ou un *pull*, ou bien encore faites en sorte que la balle aille presque en ligne droite sur un assez long parcours, avant que le mouvement de rotation qui lui a été imprimé ne se manifeste. Le joueur doit naturellement régler son jeu d'après la distance à laquelle il se trouve de l'obstacle, mais les principes fondamentaux de la méthode à suivre pour exécuter des *slices* ou des *pulls* sont les mêmes en toutes circonstances. Si le golfeur connaît la manière de se tenir et de se servir de la main droite, main dont le rôle est très important pour arriver à se perfectionner dans le *slice* ou le *pull*, une pratique assidue doit le rendre capable d'atteindre le degré d'habileté qu'il s'est assigné. La perfection viendra ensuite tout naturellement. Il est préférable d'apprendre à jouer ces coups par le vent, parce que celui-ci vous aide à produire les effets que vous cherchez.

Tous ces coups sont à l'usage des joueurs expérimentés ; le commençant fera bien de ne les envisager que comme le but éloigné de son ambition. Toutefois quiconque est capable de frapper convenablement la balle a le droit de tenter un *slice* ou un *pull*. C'est même son devoir de l'essayer, ou il ne sera jamais qu'un piètre joueur. C'est par l'expérience, que le golfeur apprendra de combien de mètres il doit faire dévier la balle de la ligne droite pour atteindre son but ; en fait, il a besoin d'acquérir une connaissance du vent qui ferait honneur à un capitaine de voilier. Le danger de trop s'écarter de la ligne droite, mérite toute l'attention du joueur ; c'est un désastre, quand un *slice* ou un *pull* intentionnel, produit un aussi mauvais résultat que s'il était involontaire.

Je suis arrivé à cette conclusion, que lorsqu'un vent violent souffle de droite à gauche, il y a du danger à imprimer à la balle un *pull*, de façon à la ramener sur le milieu du terrain. C'est parfait, quand on l'obtient et je sais que, dans les conditions ci-dessus décrites, la majorité des bons golfeurs l'essaient ; néanmoins, c'est bien hasardeux. Une balle lancée avec un *draw* va naturellement plus loin qu'aucune autre ; sa trajectoire est basse et vers la fin de sa course elle roule à terre à l'infini, aidée et favorisée par le vent ; c'est là qu'est le danger. A moins que le golfeur ne soit très habile et qu'il possède à un haut degré l'art de juger de la force du vent et celui de choisir une place pour que la balle y atterrisse, celle-ci vraisemblablement filera à une si vive allure et avec un tel mouvement de rotation, quand le vent s'en sera rendu maître, qu'elle traversera directement le *fairway* pour aller se jeter de l'autre côté dans un bunker ou dans le *rough* ; alors le joueur aura véritablement semé le vent et récolté la tempête. Il faut une extrême finesse de jugement et une justesse de mouvement exceptionnelle, pour jouer parfaitement le pull shot dans ces conditions. Quand le coup réussit, on gagne beaucoup de terrain, parce que c'est le plus long des coups, mais, personnellement, je ne crois pas que normalement il faille le risquer.

Peu de golfeurs possèdent l'instinct voulu pour exécuter ce coup avec succès toutes les fois qu'ils l'essaient, mais mon avis est que la majorité ferait bien de s'en abstenir. Il semble que ce soit une idée juste et féconde que de viser avec un *pull* dans un vent qui souffle de droite à gauche avec l'intention de se faire aider de ce dernier, mais trop souvent la balle dévale le long du terrain (spécialement si le fairway est étroit) et il en résulte un insuccès complet. Telle est la conclusion à laquelle je suis arrivé, après avoir vu jouer le coup des centaines de fois et après l'avoir joué moi-même.

Les remarques ci-dessus ont un peu contredit, je crois, mon ancienne manière de voir sur ce point, mais le jeu a beaucoup changé depuis quelques années. Je recommandais autrefois la tactique de frapper la balle dans le vent et de lui imprimer un *draw*. Cette méthode pouvait être adoptée avec sécurité, quand la balle était moins vive qu'aujourd'hui ; on peut encore l'essayer sur un terrain plus ou moins lourd, mais quand le gazon accélère la course de la balle comme il le fait la plupart du temps au printemps, en été et en automne, un tel coup, un jour de vent, est imprudent. Ce que j'ai l'habitude de faire, c'est de viser légèrement sur la gauche, dans la direction d'où vient le vent et de donner un *slice* à la balle ; la vitesse initiale du coup empêche le vent de s'en rendre maître, et, quand sa force est sur le point de s'épuiser, la rotation commence à exercer son influence : elle fait tourner sur elle-même la balle dans le vent et la fait tomber rapidement à terre au milieu du *fairway*, où elle ne roule que peu. J'avoue qu'un coup de ce genre ne couvre pas la longue distance du *pull*, mais le slice est plus sûr. Il vaut mieux perdre quelques mètres et être certain de son coup que de couvrir une distance prodigieuse pour tomber dans le *rough*. Par un vent violent, le *slice* est plus facile à régler que le *pull*, qui se dérobe à une justesse parfaite, tant peuvent s'exagérer les effets d'une infime erreur d'action ou d'omission. C'est pourquoi au golfeur qui désire vaincre un vent violent, je conseille d'accorder sa confiance au *cut shot*. Il réussira neuf fois sur dix avec la balle en caoutchouc.

En jouant le *slice*, la position des jambes doit être écartée, la balle placée en face de l'orteil du pied gauche, qui doit se tourner vers l'extérieur et le pied droit en avant, de telle façon que le joueur se trouve bien en arrière de la balle. Les pieds doivent se trouver à la même distance, que pour un coup ordinaire, le point le plus important est de se placer de telle sorte que les jambes soient écartées. Chaque golfeur doit trouver lui-même le degré d'écart qui lui convient, mais ce doit être toujours un peu plus que pour un coup ordinaire, parce qu'il doit viser dans une certaine mesure sur la gauche de la ligne (cette mesure est proportionnée à la force du vent) et faire tournoyer la balle, pour qu'elle revienne dans la bonne voie.

Il y a plusieurs moyens d'obtenir ce dernier effet. Quelques personnes enseignent : tenez l'épaule droite baissée et comptez sur le *swing* pour porter la face du club sur la balle. Ceci n'est pas nécessairement suffisant ; pour moi j'ai une méthode qui peut ou ne peut pas être différente de celle qu'emploie la majorité des joueurs. Il n'y a pas très longtemps que je me rends compte exactement de la manière dont j'obtiens le slice. Maintenant, je suis sûr de moi à ce sujet. Portant le poids du corps surtout sur le pied droit, je lève mon club dans une direction extérieure, exactement de la même façon que pour un *cut mashie*. C'est la même inclinaison légère vers le point où les coudes se courbent, et, quand le club arrive derrière ma tête, cette dernière revient à la position normale.

Au sommet du swing, dans cet infinitésimal instant où l'on se tend pour l'effort, je donne un tour rapide à la hauteur des hanches, tournant le buste de quelques pouces dans la direction du trou. Cette action fait de mon swing descendant le corollaire de mon swing ascendant, me permettant d'obtenir le slice voulu. Ce mouvement de corps, court mais énergique, donné au moment où le club va descendre, force l'instrument à reprendre en descendant la même trajectoire qu'il avait en montant. Ledit instrument est renvoyé à très peu de chose près dans la même position qu'il occupait au sommet du swing, pour le coup de *cut mashie* ; il redescend en accélérant sa vitesse, jusqu'à ce qu'il coupe la balle en travers. La position du corps est reprise au moment du choc et la finale du swing est aussi complète et aussi rythmée, pourvu que le coup ait été convenablement joué, que pour un *drive* ordinaire, quoique le club ait pris une direction différente, croisant la ligne du trou au lieu de la suivre.

Je sais que cette explication contredit ma précédente assertion, quant à la nécessité de laisser le club toujours conduire le mouvement et le corps suivre ; le *cut* intentionnel est le seul coup où le corps doive diriger jusqu'au sommet du swing, laissant les bras agir ensuite. C'est la priorité du mouvement du corps qui cause le *slice* non intentionnel, c'est ce mouvement de même qui produit le *slice* intentionnel. L'effort en question exige l'abandon absolu de la plupart des règles les plus essentielles du golf ; vous ne visez même pas par derrière au commencement du swing descendant. Le mouvement des hanches renvoie le club légèrement en avant ; le coup doit être donné simplement, sans saccade, sans sortir de ses strictes limites. Gardez-vous de faire un saut, qui vous empêcherait d'obtenir un équilibre du corps parfait au moment du choc. L'équilibre doit être rétabli pendant la seconde moitié du swing descendant, si je puis définir ainsi le mouvement qui se produit après que les bras se sont portés légèrement en avant. Il faut que ce soit un déplacement du corps court, égal et facile à remettre en place. C'est ainsi qu'on obtiendra le slice voulu, beaucoup mieux que par n'importe quelle autre méthode ; dans tous les cas, c'est le système que j'emploie toujours pour exécuter ce coup.

Le joueur doit avoir bien soin de ne pas tourner la main droite au moment où il frappe la balle. Si on la tourne le moins du monde, il en résulte inévitablement un *pull* et, comme vous visez toujours sur la gauche de la ligne, la balle reviendra en avant avec une rapidité extraordinaire. Je me rappelle avoir commis une erreur de ce genre en Amérique ; c'était à Boston, dans un match avec deux très bons joueurs. Je m'en souviens, parce qu'après avoir fait un long voyage, je ne me sentais guère en train de disputer un match sérieux. En ouvrant un journal et immédiatement mes yeux étaient tombés sur cette manchette : Vardon arrive, sûr de remporter la victoire et de battre le record.

Jamais de ma vie je ne me sentis si peu disposé à accomplir de tels exploits. Nous atteignîmes le *teeing ground*. Le premier trou était court ; le green pouvait être atteint avec un cleek. Très loin sur la gauche, trop loin même à ce que je croyais pour pouvoir l'atteindre, se trouvait une mare. Je donnai à ma balle un *pull* qui l'envoya à une distance, qui me semblait être à plusieurs milles en dehors du parcours, et elle tomba en plein milieu de la mare. J'ignore complètement ce que les spectateurs ont pu penser de l'homme sûr de remporter la victoire et de battre le record, ainsi que l'avait annoncé inconsidérément le journal. Après cette mésaventure, je réussis à bien jouer. Mais si vous voulez savoir le plus mauvais coup que j'aie jamais joué de ma vie, le récit que je viens de faire de ce début à Boston est la meilleure réponse.

Des remarques précédentes, on peut conclure que la manière de donner à la balle le *draw* voulu est de tourner la main au moment du coup ou tout au moins de la tourner à moitié. Mais c'est la chose la plus facile du monde que d'exagérer ce mouvement, aussi, par un vent violent, ce coup est-il très hasardeux. Si vous tournez la main droite un tant soi peu trop, la conséquence de cet excès peut être prodigieuse ; la balle tournoie en se retournant sur elle-même, elle fend l'air aidé du vent et va disparaître de l'autre côté du parcours. La position des jambes est, sous tous les rapports, exactement l'opposée de celle que demande le slice. Au moment de viser, on doit avoir la balle à peu près en face du milieu du pied droit. Quant au pied gauche, il doit être placé de telle sorte que le joueur se trouve nettement en avant de la balle, comme pour jouer du côté droit de la ligne. C'est à ce moment, qu'il faut plus que jamais se rappeler la nécessité de bien tenir le club avec le pouce et le premier doigt de la main droite. La face du club doit tourner légèrement vers la balle, au moment où le club descend et, si vous serrez un peu plus avec la main droite qu'avec la gauche, vous avez grand chance d'obtenir l'effet cherché sans vous en préoccuper. Il est probable que la manière instinctive d'éteindre le club concordant avec une position correcte sont ce qu’on appelle un *puller* naturel. Ce coup est bien plus sûr par un temps calme, car, en l’absence de troubles atmosphériques, on a de grandes chances de faire revenir la balle sur le parcours, quand bien même la main droite aurait tourné un peu trop.

Naturellement le temps étant calme, il n’est pas nécessaire de viser autant à droite que lorsqu’il y a du vent, mais les principes de ce coup sont toujours les mêmes. C’est de beaucoup le coup le plus long et, comme on ne court pas grand risque quand les éléments sont au calme, l’exécution en devient rapidement une obsession. Les bons golfeurs sont possédés de la griserie des coups longs et ils jouent tous leurs coups avec *draw*. Une fois entrés dans cette voie, ils ne peuvent plus en sortir, ce sont des *pullers* instinctifs. Ils en subissent un desavantage certain, car ce coup est rarement utile, sauf pour le *drive*. J’ai déjà traité ce sujet au commencement du livre ; j’en aurai dit assez, quand j’aurai recommandé au golfeur qui vise à la célébrité de ne pas négliger, dans son désir d’ailleurs très humain d’aller loin, les autres coups du jeu qui ont une très grande importance. Qu’il s’applique aussi bien à exécuter le *slice*, dont la longueur peut être estimée au plus juste, puisque la balle effectue la plus grande partie de son trajet en l’air, que le *pull*, qui consiste en une trajectoire parallèle à la terre se terminant au loin par une série de petits bonds.

Je suppose que, pour le joueur ordinaire, il n’y a pas d’épreuve plus redoutable que de se trouver aux prises avec un vent violent, quand il s’efforce d’atteindre le trou. La balle n’a jamais l’air d’avancer et semble être arrêtée par le vent ; elle revient même parfois vers le joueur. Il découvre souvent qu’en toppant la balle en ligne droite, il s’en trouve aussi bien qu’en frappant correctement la balle ; c’est qu’en *toppant,* on ruse avec le vent, mais c’est une manœuvre répréhensible et contraire aux règles du jeu. Le joueur doit s’efforcer de maintenir la balle aussi bas que possible, tout en la faisant lever du sol. Avant tout le tee doit être bas ; la position des jambes avancée, moins que pour le *push shot* cependant, mais avec les mains à la distance la plus rapprochée possible en avant de la balle pendant qu'on vise. C'est un des principes essentiels du coup ; car avec un vrai *swing*, le club redescendra sur la balle de telle façon qu'il la maintiendra basse tout le temps de son vol. Quand l'instrument descend, la plus grande partie du poids doit se porter sur la jambe gauche, pour que le corps puisse s'incliner légèrement en avant avec le club. Il est clair que la position des jambes, de même que toute l'action, doit tendre à maintenir la balle très bas, tout en la frappant juste assez pour lui permettre de s'élever du tee. L'*iron shot* contre le vent doit être un *push shot* pur et simple, rien n'est meilleur, car un vent contraire vous place dans les conditions les plus favorables pour tirer du *push shot* son plein effet.

Le golf sous le vent n'est rien, si l'on accorde aux obstacles qui se présentent en avant une attention sérieuse. Le *drive* est facile, le gros danger est d'arriver dans un bunker placé pour recevoir le second coup. En l'absence d'un tel péril, faites un tee élevé (pas assez haut cependant pour vous faire frapper la balle en-dessous) ; tenez-vous un peu derrière la balle, exécutez votre swing franchement et, au moment de frapper, portez le plus possible le poids sur la jambe droite, de façon à soulever la balle en l'air et à lui donner tout le bénéfice du vent. Il n'est peut-être pas inutile de rappeler ce que j'ai déjà écrit précédemment : en jouant les approches sur un terrain dur, on côtoiera les bunkers sur les ailes au risque d'y tomber. Ceci toutefois doit être laissé au jugement du joueur et à l'état du terrain en arrière du green, où la balle peut aller se perdre.

Personnellement, je n'ai pas de pire souvenir dans toute ma carrière de golfeur que celui du vent que nous rencontrâmes au championnat international de Hoylake en 1907, lorsque Arnaud Massy remporta une si brillante victoire. C'était effroyable. Le quatrième trou, un trou court qui peut être ordinairement joué avec un mashie, exigeait un *full drive* et il fallait même maintenir le coup très bas, afin d'éviter la force incroyable de la tempête qui sévissait au-dessus de nous. J'aime Hoylake et un des rares défauts de terrain que j'y ai remarqués est un talus élevé à cette occasion quelques mètres en avant du quatrième *teeing ground*. Pour atteindre le green, il fallait jouer très bas ; nombre de joueurs qui exécutèrent le coup correctement (M. John Ball entre autres je crois) furent arrêtés par ce talus à environ 5 mètres en avant de l'endroit d'où la balle était partie. A ce trou, il arriva à l'un des concurrents une curieuse aventure : il tomba du talus dans l'abri tout à côté et tourna désespérément autour du teeing ground jusqu'à ce qu'enfin il atteignît le green en 7 pour finir en 9.

Au sixième trou, il était impossible de parvenir avec un *drive* même au coin du jardin. Massy se montra un golfeur de premier ordre pendant cette semaine d'épreuves.

Je me souviens encore du vent qui souffla pendant un *tournoi* à Newcastle en 1898. Il pleuvait en même temps à torrents. Beaucoup de joueurs se retirèrent dès le troisième trou et le terrain était jonché de débris de parapluies. La veille de la partie finale, où j'avais à rencontrer Taylor, je priai le valet de chambre de mon hôtel de veiller à ce que mes chaussures fussent sèches pour le lendemain ; il fit de son mieux. Je ne sais s'il les mit sur le feu ou dans le four, toujours est-il qu'à mon premier coup sur le tee, les deux semelles se fendirent au milieu. Ce fut ainsi chaussé que je jouai la meilleure partie de ma carrière avec la balle de gutta-percha ; depuis je me suis souvent demandé, aux jours d'adversité, si ce ne serait pas une bonne chose pour moi de fendre mes semelles.

Le vent est un bon instructeur, je recommande au golfeur de ne jamais perdre une occasion de se familiariser avec lui. Pour l'instant, j'en ai dit assez sur ce sujet et j'espère n'avoir pas insisté au point d'excéder le lecteur.

CHAPITRE XII

NOMBREUX et variés sont les maux auxquels le golf vous expose. Heureusement qu'il est toujours possible à un joueur expérimenté de diagnostiquer avec certitude le mal qui cause la détresse d'un de ses compagnons — qu'il s'agisse du swing ou de la position — et de lui suggérer un remède. A ce point de vue, le golf diffère des autres jeux : la balle est frappée dans une position stationnaire, par conséquent la cause apparaît aussi clairement que l'effet à celui qui s'est adonné à une étude approfondie des coups.

Parfois, quand il s'agit d'un joueur généralement bon et qui souffre d'une crise pour s'être écarté tant soit peu des bons principes, il est difficile de trouver le secret de son mal. Je connais un excellent golfeur qui, dans un de ces moments d'adversité, réunit un grand nombre de champions à l'effet de leur faire examiner ses méthodes, de conférer avec eux sur la nature de son mal et de trouver un remède. La consultation qui eut lieu, au moment où le malade exécuta le swing, fut solennelle ; on eût dit une réunion de spécialistes au point critique d'une maladie grave ; d'ailleurs le résultat fut heureux. Naturellement, dans le cas d'un joueur médiocre, le diagnostic est plus facile, parce que les fautes sont toujours plus accusées. Je veux, dans ce chapitre, traiter des affections dont souffre souvent le joueur moyen, expliquer la cause de ces phénomènes désastreux et indiquer la manière d'en prévenir le retour. Je ne me propose pas, comme un charlatan, de fournir une panacée universelle, car beaucoup doit être laissé à l'attention et à l'application du malade lui-même. Bien plus, il y a des cas tellement compliqués (quand le swing, la position et tout en un mot est défectueux) qu'il y a peu d'espoir de guérison pour le malade, s'il ne renonce totalement à ses méthodes blâmables pour recommencer avec de bons principes et devenir un bon joueur. Un exemple me vient à l'esprit, c'est celui d'un malade absolument incurable, au demeurant le meilleur homme du monde, et qui, je dois le reconnaître, tire un plaisir infini de la manière toute personnelle dont il pratique le golf ; son style seul suffit à faire dresser les cheveux sur la tête d'un professeur.

Il frappe sa balle d'une manière extraordinaire, avec le sommet de la tête du club, c'est-à-dire à l'endroit où le nom du fabricant est gravé ; et ce n'est pas un hasard, il le fait à tous les coups, même sur le green ; aussi en un rien de temps fait-il disparaître ce nom par l'usure. Il ne peut pas se servir d'un fer, parce que la surface au sommet de la tête n'est pas assez large pour lui permettre de frapper la balle. L'entendre demander un spoon, quand il se trouve sous une haie, est quelque chose d'effarant. Une fois, j'ai suivi ses mouvements pendant dix bonnes minutes. Partant du quatrième tee, il dirigea sa balle par une série de zig-zags sur un green placé à mi-chemin du retour. Ayant *droppé* sa balle sur le côté, il l'envoya sur un autre green des neuf derniers trous ; il jouait toujours vers le quatrième. De cette nouvelle base d'opérations, il tomba dans une mare qui constituait un accident pour un autre trou qu'il avait encore à jouer. Finalement, il atteignit le quatrième green, après en avoir fait tout le tour. L'homme assez philosophe pour prendre plaisir à un jeu qu'il joue si mal possède une mentalité digne d'envie ; en vérité, je souhaite d'avoir son heureuse disposition d'esprit. Malgré tout, la grande majorité des joueurs a le désir ardent d'exécuter les coups correctement et, à toute personne qui ne réussit aucun de ses coups, je conseillerai de se mettre entre les mains d'un bon professeur et d'examiner si l'unique remède ne consiste pas à reprendre pas à pas le chemin parcouru depuis le départ et à recommencer sa carrière de golfeur du début.

Considérons toutefois le cas du golfeur qui possède les bons principes, mais qui subit l'épreuve momentanée de ne pouvoir les mettre en pratique. Il s'assurera d'abord qu'il tient convenablement son instrument : il se peut qu'inconsciemment il ait pris l'habitude de mettre une main ou l'autre trop au-dessous du manche, ou qu'il fasse l'opposé, ce qui est également mauvais. Soit qu'il ait adopté l'étreinte enchevêtrée ou l'ancienne étreinte double V dans laquelle les mains se touchent sans se couvrir, il est important d'observer que les jointures ne soient ni au-dessous ni au dessus du manche. A une infime différence près, les jointures de la main gauche doivent faire face à la ligne du trou et celles de la main droite au côté opposé ; je parle bien entendu d'un droitier, mais, dans aucun cas, les jointures des mains ne doivent être tournées dans la direction du sol ou du ciel.

Une cause fréquente d'insuccès, surtout avec les *iron clubs*, est la manière défectueuse de poser l'instrument derrière la balle. La manière toute simple est la plus commode, c'est peut-être pour cette raison que des milliers de personnes ne l'emploient pas. Dans le golf, comme dans la vie, les hommes ont une tendance à tout compliquer inutilement. Il n'y a pas de moyen plus sûr d'apprendre à quelle distance se tenir de la balle, que de regarder si la longueur totale de la semelle du club, du talon à la pointe, repose entièrement sur le gazon. Il y a d'innombrables golfeurs qui prennent leur position et visent la balle, la pointe de leur cleek, iron ou mashie étant en l'air. Une fois en position à distance convenable de la balle comme pour un coup de driver, ils craignent de se rapprocher d'une manière sensible, quand ils ont à se servir d'un club plus court. Autant qu'on peut en juger, ils ont peur d'être trop près pour pouvoir exécuter librement le *swing*, et cependant il faut qu'ils soient beaucoup plus près pour le fer et le *mashie* que pour le *driver*. Ils peuvent être assurés que s'ils ont assez d'espace pour le swing arrière, ils en auront également assez pour redescendre. C'est une faute que de se tenir trop près de la balle pour les *iron shots*, mais qui n'affecte qu'un golfeur sur cinquante en moyenne. Ils se portent généralement en avant avec effort, ce qui les oblige à trop se baisser, de telle façon qu'ils ont peu de chance de pivoter convenablement ou de raser le gazon avec la semelle du club, quand ils exécutent le coup. On prend souvent l'habitude d'étendre trop les bras en visant ; on évitera facilement cet effort en s'approchant un peu plus de la balle. Pour toutes ces raisons, le joueur, qui aspire à sortir de la médiocrité, devra apprendre à tenir correctement son club et à bien effleurer le sol.

La bonne position vient rapidement au joueur, dès qu'il connaît le jeu, mais il ne l'acquiert pas sans quelque peine, car c'est rarement un don ; il faudra l'étudier et s'exercer pour chaque coup. Quelques joueurs écartent ou rapprochent tellement leurs pieds qu'ils ne peuvent pas équilibrer leur poids. La position des pieds est de la plus haute importance, et je recommande aux débutants d'y donner toute leur attention.

Les commençants *toppent* souvent la balle sans le vouloir ; cette faute est des plus communes. C'est un fait curieux, car, pour les joueurs expérimentés, il est très difficile de topper la balle à dessein et cela constitue même un rare exploit. Comme ce coup est sans utilité, personne n'essaye de l'étudier, mais par caprice je l'ai pratiqué de façon suivie et, ces essais terminés, j'ai été émerveillé de l'habileté des commençants à le réussir. Je ne dis pas cela pour me faire valoir ou pour me moquer des joueurs qui réussissent ce coup sans le chercher, je veux leur persuader qu'aucune faute n'est plus facile à guérir, par la bonne raison qu'il n'y en a pas de plus malaisée à commettre. Il n'y a qu'un tout petit espace à frapper pour tomber juste au sommet d'une balle ; qu'un joueur novice puisse constamment frapper cet endroit minuscule, c'est pour moi un des mystères du golf.

On *toppe* presque toujours la balle soit parce qu'on raidit le corps et qu'on lève par conséquent la tête, soit parce qu'on serre les bras contre la poitrine quand le club arrive à la balle. Le balancement du corps vers la droite et la difficulté de se remettre en place au moment du *swing* ascendant font aussi topper la balle ; mais, comme la même faute peut causer à peu près tous les maux auxquels le golf expose, toutes ces conséquences ne peuvent être étudiées spécialement ici. Ce qui arrive souvent, c'est que le joueur fait correctement le *swing* en arrière et pourtant *toppe* sa balle, soit qu'il ait levé la tête, soit qu'il ait tiré vers lui ses bras, au moment où le club rencontre la balle. Dans ce dernier cas, il a été généralement saisi de la crainte soudaine que son instrument n'ait pas la place voulue pour terminer le swing. Il croit qu'il va frapper le sol trop loin derrière la balle et fait un effort désespéré pour remettre les choses au point ; presque inévitablement il toppe la balle. Si, ayant visé la balle, il porte toute son attention sur le *swing*, il ne doit pas se préoccuper de savoir si le club trouvera la place voulue pour faire sa besogne. C'est quand il cherche à modifier sa course, qu'il lui arrive malheur. Il lève la tête, s'il est inquiet sur le résultat du coup ou s'il fait un mouvement involontaire ; peut-être se redresse-t-il pendant qu'il a encore les yeux fixés sur l'endroit que vient de quitter sa balle. Il peut ne pas se douter que son corps (et sa tête par la même occasion) s'est relevé d'un pouce environ. Une pratique assidue seule aura raison de cette faute, et je recommanderai au joueur infortuné qui en est victime l'appareil qui a tant aidé le

Colonel Quill à devenir *scratch* à l'âge de 56 ans. C'est surprenant comme cet appareil vous aide à tenir la tête basse ; il n'y a pas de meilleur remède au *topping*.

Slicing est un des plus graves défauts du jeu ; un coup dévié qui porte la balle à une longue distance n'est pas entièrement condamnable et il y a une consolation pour le joueur, qui peut dire à son adversaire : « Elle a été diablement loin tout de même. » La balle *slice* n'a même pas cet avantage ; elle va rarement loin. En général, cela provient du balancement du corps vers la droite pendant le swing ascendant, c'est-à-dire parce qu'on n'a pas tourné les hanches ou, le mouvement des hanches ayant été bien fait, parce qu'on a commis au point culminant du swing la faute commune de rendre aux hanches la position normale avant que le club n'ait commencé à revenir. En admettant que le joueur sache exécuter le *swing*, c'est ce mouvement prématuré qui cause le *slice* ; il en résulte que les bras sont jetés en avant et que la face de l'instrument coupe la balle par le travers produisant le slice ; le remède est de faire en sorte que la tête du club soit toujours en avant et de viser au début du swing descendant un point légèrement en arrière du joueur. Un procédé ingénieux est de se placer près d'un arbre, sans être toutefois assez près pour le toucher, de façon que le joueur ait le tronc sur sa droite et à quelques pouces en arrière de la ligne qu'il occupe, puis, tournant correctement les hanches au point culminant du swing, de s'imaginer qu'il veut frapper l'arbre quand le club redescend.

Comme je l'ai expliqué plus haut, il est nécessaire pour un *slice* intentionnel de tourner légèrement le corps avant le commencement du swing descendant (du moins c'est ainsi que je m'y prends pour faire ce coup) ; vous ne procédez pas autrement, lorsque par maladresse vous faites un slice involontaire. Quand on veut jouer un coup droit, le club doit commencer à descendre, avant que le corps ne quitte la position qu'il avait au point culminant du swing, sauf qu'au moment où le club commence à descendre, la hanche droite doit se porter légèrement vers le trou, mais en avançant d'un pouce ou deux de façon à permettre au corps de se détordre avec facilité immédiatement après. Pour la fin du coup, les bras doivent suivre le club quand il descend et le corps suivre les bras, quand ils exécutent ce même mouvement ; si on a soin de viser derrière au début, le corps tournera rarement le premier.

Le pull est une des phases les plus curieuses du jeu. Dans certaines circonstances en user légèrement est excellent, parce que ce coup porte loin ; mais si l'on en abuse, on s'expose à être puni sévèrement. Il y a dix ou douze ans le *slicer* était plus commun que le *puller* ; aujourd'hui ce dernier prédomine et même dans de fortes proportions. En conséquence, ce vilain coup de crochet qui envoie la balle hors du parcours sur la gauche est une des fautes les plus fréquentes, quoique dans son exécution il ne diffère pas sensiblement d'un pull qui réussit. Il se produit souvent, faute d'avoir tourné le poignet gauche au début du swing ascendant, de telle façon que les jointures soient visibles, si on tourne la tête pour les regarder, au lieu d'être trop loin sur le club hors de la vue. Prenez un fer, arrêtez-le aux 3/4 de sa course en l'air et dans cette position examinez votre main gauche. Si elle est tournée suffisamment pour que vous ne puissiez voir qu'une ou deux jointures, la position est mauvaise ; toutes les jointures doivent être visibles, parce que le poignet gauche doit être sous le manche et ne pas faire face au ciel.

Une autre cause du pull est que l'on tient le club plus fortement avec une main qu'avec l'autre ; une troisième est que l'on tourne la main droite au moment de frapper ; ces deux causes se confondent presque. Quand on rejette en arrière le club, sa face doit être tournée en sens opposé à la balle, de telle façon qu'il ne reprenne qu'à l'instant même du coup la position qu'il avait au début derrière la balle. Si vous ne tournez pas la face du club en dehors par une légère torsion du poignet gauche au début du swing, vous courez le risque que la main droite ne domine en descendant et vous vous trouverez dans la même situation que si cette main avait tourné au moment critique. Tenir le club plus fortement d'une main que de l'autre produit exactement le même effet ; certains joueurs prétendent qu'il faut serrer plus fort de la main gauche que de la droite ; personnellement, je crois qu'il ne doit pas y avoir de différence. Le fait de serrer plus de la main gauche que de la droite peut amener cette dernière sur le dessus, et par suite provoquer un *pull*. Je sais que, pour un swing ordinaire, ma main droite n'est pas moins serrée que la gauche, à aucune phase du mouvement. Si la main gauche était réellement la main dominante, si une main faisait toute la besogne, l'autre ne servant que de guide, il serait certainement possible de driver aussi loin avec une main qu'avec deux.

J'ai essayé de driver avec une main ; j'ai frappé correctement la balle, je l'ai fait aller droit, mais jamais je n'ai réussi à lui faire parcourir une distance aussi longue qu'avec les deux mains. L'une concourt aussi bien que l'autre à obtenir de la distance ; je le sais pour l'avoir souvent expérimenté ; en aucun cas la main droite ne doit dominer. Par l'examen de ses clubs en bois, vous pouvez reconnaître celui qu'on appelle un *frappeur de main droite*. Il use le bois en arrière du club et atteint le plomb intérieur en peu de temps, puisque c'est toujours là qu'il frappe. Ce n'est pas une raison malgré tout pour être gaucher, c'est-à-dire laisser la main gauche faire presque tout l'ouvrage.

Je demeure convaincu que tous les très bons joueurs emploient les deux mains, sans donner à l'une de prédominance sur l'autre. Trop demander à la main gauche est aussi mauvais que trop exiger de la droite ; l'un ou l'autre défaut produit le *pull*. La meilleure manière de s'en corriger, c'est de détourner la face du club de la balle au début du swing ascendant, pour empêcher la main droite de dominer. Quand cette torsion du poignet gauche a été exécutée au début du swing, le golfeur ne doit pas s'apercevoir qu'une main essaie de faire plus que l'autre.

En tout cas, il est essentiel de ne pas oublier de tourner les hanches comme il convient et de tenir la tête fixe. Beaucoup de joueurs font correctement le mouvement dans la partie supérieure de leur swing, mais en descendant coupent pour ainsi dire un segment du cercle décrit par le club. Ils jettent immédiatement les bras en avant et manquent cette section qu'ils avaient à faire pour relever le club, après avoir tourné le poignet gauche en dedans ! Au lieu de suivre la même voie en descendant, ils prennent un raccourci ; le club s'écarte et il ne peut en résulter qu'un mauvais drive. Si, pendant que vous remontez une pendule, vous donnez un tour violent à la clef, vous ne tardez pas à vous apercevoir, une ou deux minutes après, que vous avez détraqué le mouvement ; il en est de même du swing, si, en redescendant le club, vous faites un brusque crochet. Le rejet des bras en avant est une cause fréquente d'insuccès avec le fer, les joueurs s'imaginent qu'ils sont beaucoup plus loin de la balle qu'ils ne le sont en réalité ; cette pensée leur vient au point culminant du swing ; ils se portent en avant en redescendant leur club, afin d'être sûrs de toucher la balle, et tout le coup est manqué ; en pareil cas, s'il s'agit d'un mashie, on frappe la balle avec la partie inférieure du manche et on l'envoie à sa perte. Le meilleur moyen de remédier à cette faute (*socketting*) est de faire en sorte que le bras gauche frôle le vêtement à l'aller et au retour ; si le bras gauche peut être amené à rester en contact avec le vêtement, le bras droit ne peut pas s'égarer et l'exécution est correcte.

On commet une autre faute (*schlaffing*) en portant le poids du corps sur la jambe droite au moment de frapper ; par suite l'épaule droite se baisse trop rapidement ; l'épaule droite doit bien se baisser pour produire l'effet voulu, mais elle ne doit pas tomber trop brusquement.

Il y a quelques joueurs qui, tout en frappant la balle presque toujours correctement et lui faisant suivre une ligne droite, n'arrivent jamais à aller bien loin. La raison en est qu'ils ne font jamais assez usage de leurs bras ; ils exécutent leurs coups uniquement avec la torsion du corps et sans faire intervenir les bras. C'est le fait d'avoir à employer les bras pour obtenir de longues distances, qui fait du swing en partie un *coup*. L'idée de *balayer la balle du tee* est juste, mais cela ne suffit pas ; les bras ont pour mission de frapper ou le coup sera d'une très modeste longueur.

Je crois que nous avons considéré presque tous les maux dont peut souffrir un golfeur. Il y a encore quelques questions d'un caractère général dont il faut parler avant de clore ce chapitre. En premier lieu, le joueur qui aspire à la perfection ne devra jamais essayer de se guérir du *slice* involontaire en substituant à ce coup son contraire, le *pull*. Au premier abord un tel projet semble séduisant, mais si le joueur l'adopte, il sera réduit tôt ou tard au plus complet désespoir. Il ne saura jamais tout à fait où il va, il sera tout espoir ou toute crainte. En général le correctif sera ou trop fort ou trop faible ; s'il est trop fort le golfeur tombera dans le défaut contraire et, pour y remédier, sera contraint de chercher à recouvrer le mouvement qu'il s'était appliqué à corriger. Je connais beaucoup de golfeurs qui ont mis en pratique ce traitement basé sur l'emploi des antidotes ; je n'en ai jamais connu un qui ait réussi.

Un autre point important est de s'assurer que c'est bien un slice ou un pull que l'on fait, avant de tenter de s'en guérir, car on peut se placer de telle façon qu'un coup joué droit ira certainement se perdre à droite ou à gauche du *fairway*. Pendant qu'on vise, la face du club doit être perpendiculaire à la ligne qu'on veut suivre. Il faut se garder de changer d'idée au sommet du swing. Je dois avouer que c'est là un conseil de perfectionnement, auquel je ne me conforme pas toujours moi-même. Il arrive fréquemment **au** joueur, au moment précis où son club redescend, qu'il est pris de la fantaisie d'exécuter un coup totalement différent de celui qu'il se proposait pendant le mouvement ascendant du swing ; or un tel changement est rarement heureux.

CHAPITRE XIII

LES CÉLÉBRITÉS DU GOLF ET LEURS MÉTHODES

Après le plaisir de faire une partie de golf, je ne connais pas de satisfaction plus grande, pour un habitué des links, que d'étudier les méthodes des joueurs reconnus comme les maîtres de ce jeu. On peu tapprendre le golf aussi bien par l'exemple que par le précepte et je suis certain qu'en observant, en réfléchissant et en pratiquant, il est possible à tout joueur d'augmenter son savoir et son habileté jusqu'à ce que l'âge le force à y renoncer. La foule, dans un match, se compose surtout d'enthousiastes qui se plaisent autant à étudier les causes qu'à constater les effets. Ces derniers se traduisent par les résultats ; mais j'imagine que, pour la plupart des spectateurs, l'issue du jeu est de peu d'importance. Ce qui leur importe, est de savoir comment les joueurs parviennent à ces résultats. C'est le meilleur genre de curiosité, parce que cela prouve que la grande majorité des gens envisage le jeu sous son vrai jour : c'est-à-dire qu'ils se rendent compte de la beauté scientifique du jeu ; on aime à voir non seulement si la balle a été envoyée sur le green mais comment le joueur s'y est pris pour accomplir sa tâche. L'homme qui prend part à un match public est très sensible à l'attention que lui manifeste le spectateur et, en insinuant que les professionnels ne se fatiguent pas beaucoup le cerveau quand ils prennent part à un match, la critique de mauvaise foi se trompe grossièrement et commet une cruelle injustice. Personne ne peut jouer bien s'il ne met toute son ardeur à le faire et les professionnels sont pour ainsi dire obligés de jouer bien.

On doit considérer le golf comme un exercice réfléchi plutôt que comme un simple amusement ; en conséquence, on peut conseiller à ceux qui désirent y réussir de rechercher toutes les occasions d'étudier les méthodes des bons joueurs. Cette étude est déjà en honneur, elle le deviendra de plus en plus, ce qui ne peut que contribuer à rehausser le niveau du jeu. Il est agréable aussi, pour le joueur, de sentir que ceux qui le suivent observent attentivement ses méthodes. De temps en temps, au cours des parties que j'ai jouées, il m'a été adressé de judicieuses questions, sur la manière dont j'exécutais tel ou tel coup et j'ai toujours été sensible aux compliments qui m'ont été adressés sous cette forme qui manifestait de l'intérêt.

Edward Ray est un homme que j'aime à observer sur les links ; il se rit de tant de principes acceptés de tous et synthétise en quelque sorte l'ensemble des règles qu'il s'est faites à lui-même. Il se balance et se soulève d'une manière exagérée devant la balle, mais il est passé maître en l'art de retrouver la position normale au moment du choc, après avoir remué la tête et le corps pendant le swing arrière à un point tel, que le résultat en serait désastreux pour tout autre que lui ; c'est une brillante exception à la règle. Quand il abaisse le club, vous avez l'impression qu'il va faire un coup extraordinaire ou détestable. Il semble tout le temps avoir de la difficulté à reprendre la bonne position et on se demande toujours s'il retrouvera l'équilibre au moment de frapper. Vous vous apprêtez à assister à une catastrophe et tout-à-coup vous apercevez la balle en plein milieu du parcours ; au moment psychologique, tout s'est passé correctement. Ray a sa manière à lui de jouer au golf et il est intéressant à regarder à cause de sa personnalité. Ses drives et ses coups de cleek sont, en raison de leur immense portée, parmi les meilleurs coups du jeu.

Cependant son coup favori paraît être une longue approche qu'il joue avec un niblick ; ce coup est merveilleux ; pendant que vous songez de quelle manière vous arriverez avec un *straight faced iron*, vous voyez tout-à-coup Ray envoyer sa balle auprès du trou avec un niblick. Il m'a raconté qu'au championnat international qu'il gagna à Muirfield, il choisit ce club pour son second coup au dixième trou. Il était dans le *rough* à droite et son second coup avait plus de cent mètres à faire pour traverser la grande colline de sable ; c'est avec un niblick qu'il accomplit cet exploit.

Quand j'en ai l'occasion, je n'aime rien tant que d'observer le jeu des autres. J'aurais été heureux d'être mis à même de voir jouer un plus grand nombre d'amateurs ; n'ayant pas eu cet avantage, je ne suis peut-être pas en droit de critiquer leurs méthodes. Quand on est engagé dans une partie et qu'on est accompagné de nombreux spectateurs qui vous font l'honneur de vous suivre, on a peu d'occasions d'étudier la manière dont votre adversaire s'acquitte de sa tâche. Il est cependant très utile d'observer son jeu et de voir comment il est récompensé, surtout sur un terrain argileux où l'on ne peut pas toujours juger avec exactitude de la consistance et des particularités du sol. Pendant un match public, en effet, le professionnel est souvent entouré par les spectateurs dès qu'il a joué son coup. Il est dans un tourbillon, au milieu d'une foule tumultueuse et, avant qu'il ait eu le temps de se dégager et de répondre à différentes questions plus ou moins saugrenues, son adversaire a atteint le green et la phase instructive est perdue pour lui qui doit maintenant jouer the *like*. Pour cette raison, je connais moins que je n'aurais voulu les méthodes de quelques bons joueurs que j'ai eu rarement l'occasion d'observer, et à qui je suis redevable parfois de nombreuses défaites.

Toutefois, il y a des golfeurs avec qui j'ai été en contact

plus ou moins permanent depuis de nombreuses années et dont j'ai eu la chance d'étudier les méthodes, au cours de centaines de rencontres. Par exemple, rien ne me plaît tant que de voir Braid sortir du *rough ;* et ceci n'est pas pure charité chrétienne, car le mieux ou le pis c'est que cette situation n'est en aucune façon une punition pour Braid. Je considère comme un véritable régal de le voir jouer dans une situation extrêmement difficile ; il est absolument unique. La seule position où il peut être mis en difficulté est celle où il n'a pas assez de place pour le swing. Qu'on lui donne juste suffisamment d'espace pour lever son instrument et il se tirera toujours d'affaire. Il est bien entendu que je ne veux à Braid que du bien, mais réellement j'aimerais à le voir plus souvent dans le *rough,* tant sa manière d'en sortir est saisissante. La difficulté peut provenir d'ajoncs, d'herbe grossière, de rochers, ou d'une ligne de chemin de fer; quand Braid lève son club, on a l'impression que quelque chose va sauter et la balle aussi. Il abat son niblick avec une puissance terrible ; aucun autre coup ne s'y peut comparer. Il sort merveilleusement des bunkers. Je me rappelle l'avoir entendu dire qu'il lui était indifférent d'être photographié, mais qu'il désirait seulement que les épreuves ne devinssent pas monotones, à force de le représenter constamment au milieu de difficultés. « On croira, observait-il, que je suis toujours dans les bunkers. » Je sais de longue expérience que Braid se trouve rarement en peine. Son adresse à éviter les difficultés nous a privés des coups splendides qu'il aurait exécutés... en s'en tirant.

Si vous voulez voir un *push shot* joué à la perfection, vous ne pouvez mieux faire que d'observer Braid. Visant la balle, avec les mains légèrement en avant, il ramène son club en arrière d'une manière plus verticale que pour les coups ordinaires. Puis, au moment de frapper, ses bras s'allongent ou tout au moins s'étendent en droite ligne, enfin il les lance en avant, donnant à la balle un coup formidable. Comme je l'ai fait remarquer précédemment, je recommande volontiers aux joueurs qui ont atteint une bonne moyenne de force d'employer ce *push shot* ; la bonne exécution de ce coup procure plus de satisfaction que n'importe quel autre dans le jeu. Et même j'ose dire que personne ne connaît le plaisir que procure le golf, tant qu'il n'a pas appris le *push shot*. Lancer une balle en l'air est une action sans attrait, en comparaison du plaisir qu'on éprouve à lui faire parcourir une grande distance au ras du sol. Personnellement je joue presque tous mes coups de fer ainsi ; c'est le moyen le plus sûr et le plus agréable. Le coup est-il bien nommé, je ne sais ; c'est une combinaison du *swing*, du *hit*, du *push*, avec une prépondérance de ce dernier au moment du choc, de telle façon que les bras poussent la balle de part en part et, ainsi étendus, finissent le coup avec l'avant-bras droit tourné verticalement vers le ciel. Le terme pourrait être amélioré, mais, tel que nous le connaissons sous le nom de *push shot*, ce coup est le meilleur du golf.

J. H. Taylor est un grand joueur. J'aime ses *full iron shots* vers le trou autant que ses coups de mashie, pour lesquels il est si justement renommé. Son *cut shot* avec le mashie est la perfection même ; on dirait que Taylor est né pour l'exécuter de cette manière idéale. Remarquez que, pour tous ces coups, il se tient avec la face du club tournée un peu en dehors de la balle. Je suppose qu'il vise toujours un peu à gauche du trou et coupe la balle. Cette méthode lui étant naturelle, on comprend sa virtuosité dans le *cut mashie*. Taylor peut toujours être observé avec profit : il est admirablement maître de son swing et frappe la balle avec cette décision qui aide tant à exécuter le coup. A celui qui aurait une tendance à hésiter et à arrêter l'élan du club avant d'arriver à la balle, je conseillerais d'aller voir jouer Taylor. Jamais on ne le verra frapper mollement sa balle, il y met toute sa force chaque fois, et c'est bien en effet la seule manière de faire accomplir à la balle ce qu'on exige d'elle.

Un autre très bon joueur de mashie est Arnaud Massy ; mais il opère d'une manière totalement différente de celle qu'ont adoptée les autres célébrités du golf. Il introduit une dose considérable d'*arrêt* dans ses coups élevés et les rend efficaces par un swing qui lui est propre. Au sommet de son swing, il fait une sorte de moulinet avec le club au-dessus de sa tête, ensuite il le porte en arrière, puis en bas dans la même trajectoire qu'il occupait en remontant.

Alexandre Herd est un maître du *spoon*. Quand vous l'entendez demander ce club, vous pouvez être sûr qu'il va atteindre le green (et, s'il vous arrive d'être son adversaire, résignez-vous avec calme à cette perspective). Il imprime à sa balle un fort *cut* et la fait tomber tout près du trou. Avec son *spoon* il fait un *swing* comme pour un coup de cleek, mais il tourne légèrement son corps à la hauteur des hanches, avant que le club ne redescende, et il obtient ainsi l'effet du slice.

Georges Duncan est un autre grand joueur de spoon, je l'ai même vu se servir de cet instrument à plusieurs reprises d'une manière que personne, je crois, ne peut égaler. Dans tous les cas, s'il y avait une discussion parmi les professionnels pour savoir à qui accorder la suprématie du spoon, le plus redoutable rival de Duncan serait, je crois, Herd.

L'un et l'autre emploient le *cut*, qui trouve ici toute sa valeur et son efficacité, et ils l'emploient tous deux très adroitement.

Un jour que nous faisions, Duncan et moi contre Braid et Sherlock, une partie à quatre à Stoke Poges, il y a de cela quelques années, mon partenaire dut se lasser de m'entendre toujours lui demander d'employer le spoon. Duncan a un swing parfait, mais il joue si vite qu'il est presque impossible de dire comment il exécute ses coups. La balle est à terre et il vise. Un instant après, quand vous vous apprêtez à étudier ses mouvements, la balle tournoie déjà dans les airs et il est parti pour le coup suivant ; il est de beaucoup le golfeur le plus rapide que j'aie jamais vu. A ce propos, je me rappelle l'histoire d'un professionnel qui donnait une leçon à un monsieur de tempérament bouillant. Ce dernier avait reçu les avertissements préliminaires d'usage, entre autres celui-ci : doucement en arrière, mais ne semblait pas en avoir été vivement impressionné. Il fit manœuvrer son driver en arrière comme un tourbillon, manqua la balle et faillit tomber à terre. « Il faut lever le club beaucoup plus doucement » lui dit l'instructeur. « Des bêtises », répondit-il. Il fit un nouvel essai, son mouvement fut encore plus rapide. Nouvelle protestation du professeur. « Reculez ! reculez ! s'écria le commençant avec un regard féroce, j'ai été vif toute ma vie et je ne veux pas aller lentement pour ce satané jeu. » C'est là un échantillon des épreuves qu'endure un professeur de golf. Il cherche à faire sa besogne consciencieusement et il a quelquefois la plus grande peine à persuader à son élève de s'aider lui-même.

Il y a beaucoup d'autres joueurs remarquables, dont je voudrais avoir l'occasion d'étudier les méthodes de plus près, car on peut toujours apprendre quelque chose de nouveau dans le jeu de golf et une observation attentive des méthodes des joueurs adroits est très suggestive. Il y a Tom Ball avec sa superbe assurance pour *poter* la balle et sa manière singulière de la frapper avec la pointe du putter. Son exemple est aussi de ceux qui prouvent l'importance de ne pas quitter la balle des yeux ; même quand cette dernière est dans le trou, après un coup de cinq à six pieds, son regard y reste attaché.

Il y a aussi Fred Robson avec ses magnifiques coups de brassie; James Sherlock avec sa méthode simple et savoureuse de franchir des distances énormes en ayant l'air de donner à sa balle un coup caressant ; je suis convaincu qu'il est le maître incontesté de la balle au ras de terre avec pull exécuté par un demi tour de la main droite ; si vous voulez étudier ce coup, allez voir Sherlock. Un excellent joueur des coups de fer, c'est mon frère Tom ; j'aime à le regarder, quand il exécute son demi cleek jusqu'au trou.

Pour conclure, je prie le lecteur d'être persuadé que le professionnel fait de son mieux quand il joue ; le jeu ne lui est pas si facile qu'il le puisse jouer sans application ; je suis certain qu'il n'est aisé pour personne ; on n'ose pas être négligent au golf ; le jeu par lui-même ne supporte pas l'inattention.

Si vous suivez un match de professionnels, soyez assuré que les joueurs font tous leurs efforts pour produire les meilleurs effets. Les personnes qui parlent de l'exécution des coups comme une simple question de forme pour ceux qui prennent part à une partie publique, n'estiment pas la science du jeu à sa valeur ; ce n'est jamais une question de forme. Le jour où j'ai le mieux joué au golf avec une balle en caoutchouc a été un jour de match public. Quand je dis le mieux, je veux parler du match où mon jeu m'a donné le plus de satisfaction, où il m'eût été impossible de mieux jouer. Chaque fois que je songe à ma vie de golf ou que quelques-uns d'entre nous parlent de leurs performances, ce souvenir me revient instantanément.

Ce fut à l'occasion d'une partie avec Tom Williamson sur le terrain de 9 trous à Radcliff-on-Trent. Le club avait offert une belle coupe pour le gagnant ; Williamson et moi étions tous deux aussi désireux que possible de la gagner ; nous en rêvâmes pendant la nuit et je suis certain que chacun de nous n'avait à ce moment d'autre ambition que de gagner le trophée. J'étais bien disposé ce matin-là et je jouai comme je n'avais joué auparavant et n'ai jamais joué depuis avec une balle en caoutchouc. C'était un excellent parcours, avec une bonne proportion de trous nécessitant deux coups. Je fis les 9 trous avec des totaux de 31, 32, 31, gagnant par 11 trous d'avance et 9 à jouer. Williamson fit à peine une faute, mais je ne manquai jamais de placer mes approches tout à côté des trous ; il atteignait le green en 2 coups et, avec un long *putt*, s'arrêtait juste au bord du trou, tandis que moi je réussissais chaque fois à pénétrer dans le trou en trois. Je me rappelle que dans l'après-midi, j'eus trois 2, l'un au 9ᵉ trou, qui fut obtenu en mettant la balle dans le trou avec un coup de mashie et qui termina la partie. Le père de Williamson était aussi excité que nous par cette lutte et ce fut avec chagrin qu'il la vit finir si tôt. Un de ses amis, désireux de voir le match, arriva au moment où il se terminait ; s'étant informé anxieusement du résultat : « Oh ! dit le père de Williamson, ça a été un terrible fiasco, un seul a joué et ça n'a pas été Tom. »

Je n'ai pas fait mention de ce fait dans un but de pure gloriole ; j'ai voulu montrer que les professionnels jouent toujours sérieusement et font de leur mieux dans les concours publics. De tels matches les trouvent souvent en meilleure forme que les championnats.

CHAPITRE XIV

GOLF D'HIVER ET GOLF D'ÉTÉ

JE ne crains pas d'"affirmer, que l'argile est essentielle pour rendre la terre stable et ce n'est certes pas ce qui nous manque en Angleterre. Il y a plus de terrains de golf en argile qu'en toute autre sorte de sol ; cette prédominance tend à montrer que le jeu de golf ne peut pas être pratiqué de la même manière en toute saison. Le joueur médiocre s'attache peu aux détails et envisage rarement la nécessité de changer sa méthode en vue de s'adapter aux conditions qui changent, c'est une de ses infériorités. Sur les terrains situés au bord de la mer ou dans les contrées sèches, il n'y a aucune modification à apporter à son jeu.

Tant que le golfeur se maintient sur le fairway, la balle se présente à lui bien détachée et le coup peut être exécuté de la même façon en été comme en hiver. L'habitué d'un terrain argileux mène une existence bien plus variée. S'il veut maintenir sa force au même niveau pendant douze mois, il faut qu'il apprenne au début de la saison humide différents coups qu'il devra oublier à l'arrivée de la période séche ; il doit avoir ses méthodes d'hiver et celles d'été. Il faut qu'il sache quand il doit se servir de l'une ou de l'autre, mais c'est peu difficile pour lui, car il ne lui faut qu'un instant pour dire si le terrain offre un bon ou un mauvais *lie*.

Naturellement c'est dans le jeu, sur le parcours, qu'apparaissent les principales différences. Le *tee shot* est le tee shot partout et pendant toute l'année, mais sur un terrain argileux le second coup est en novembre totalement différent de ce qu'il est en août. Tout golfeur apprécie et se rend compte de la distance que couvre la balle selon l'état du terrain ; c'est élémentaire. Mais ce que beaucoup de joueurs ont peine à s'imaginer, c'est qu'il est nécessaire de modifier leurs principes sur bien des points, quand les parcours deviennent lourds. Ils suivent la méthode qui leur a paru profitable en été et ils arrivent à cette conclusion que le golf d'hiver est une abomination, supportable seulement parce qu'il vaut mieux que rien. Je dois avouer que le jeu, dans ces conditions, manque parfois d'agrément et j'envie ceux qui jouent perpétuellement sur des terrains secs. En tenant compte du changement de circonstances cependant, il est possible de faire de bonnes parties sur un terrain bourbeux. Le point capital est de se rappeler qu'il ne faut pas essayer d'exécuter de la manière ordinaire les mêmes coups. C'est faute de se conformer à ce principe que tant de gens se dégoûtent du jeu de golf, du mois de novembre au mois de mars.

Il est inutile par exemple de donner à la balle un petit coup sec, ainsi qu'on le fait en été. Autant que j'ai pu l'observer, la majorité des joueurs sur un terrain lourd commet la faute de frapper la balle nettement. Généralement ils gâchent le coup, pour cette simple raison que la balle est assez fermement enchâssée dans le sol pour ne pouvoir s'enlever vivement quand le club la frappe. Driver et putter à part, l'instrument le plus efficace en hiver est un solide et puissant *mid hiron*, et la manière de s'en servir sur un terrain mou est de viser derrière la balle, en enlevant un peu de gazon. Souvent c'est le seul moyen de faire un coup convenable malgré les regrets qu'on éprouve à faire des dégâts, il est vrai qu'on en est quitte pour faire ramasser et remettre en place la plaque de gazon enlevée. Pour un trou long, où il est impossible d'atteindre le green en deux coups, le jeu le plus sûr en général est de faire un drive et deux coups avec le *mid iron* ou le cleek.

J'aime le *brassie*, mais il n'est pas fait pour un usage fréquent dans la boue. Là où il y a bon nombre de trous longs et où l'on ne peut guère se passer de ce club, on fera bien d'avoir deux clubs de cette sorte : l'un avec peu de *loft* et l'autre avec un *loft* plus accusé ; ce dernier sera souvent d'un usage efficace. Le *spoon* est aussi un instrument extrêmement commode pour le golf d'hiver ; jamais on n'apprécie ses services autant que dans la mauvaise saison. A moins qu'on ait une passion pour le *spoon*, il n'y a pas de raison pour que l'on s'en serve souvent par les temps secs, mais il vous épargne souvent un coup sur un terrain lourd. Il s'introduit sous la balle et c'est l'essentiel en pareilles circonstances.

Il arrive à ceux qui jouent sur des terrains boueux cette mésaventure qu'ils perdent l'habitude de ce coup intéressant, le *cut shot* avec le *mashie* ; on ne peut pas l'employer sur un gazon sans consistance ; si l'on essaye de faire mordre la balle sur le club, on enfonce simplement ce dernier dans le sol et il en résulte un désastre certain.

Le niblick est quelquefois un bon club pour faire une approche dans un terrain lourd. Il coupe le gazon et, si l'on joue assez fort pour enlever la motte en même temps que la balle, ce club remplit admirablement son emploi. Dans l'ensemble cependant, le mashie est le meilleur instrument pour une approche d'une longueur modérée et le conseil le plus sage qu'on puisse donner à un joueur est de ne pas tenter l'impossible sur un terrain détrempé. L'hiver égalise l'adresse de tous les golfeurs relativement à l'approche ; on ne peut pas, comme en temps ordinaire, tenter de coups difficiles, ce qui donne satisfaction au grand nombre des joueurs à gros handicap.

Je suppose qu'on finira par n'avoir plus de parcours humides : actuellement il en existe un grand nombre, mais, avec le développement incessant du jeu, le drainage sera de mieux en mieux compris. Autre question également importante : l'argent de nos jours n'est plus un obstacle. Il y a une quinzaine d'années, la plupart des terrains autour de Londres n'étaient pour ainsi dire que des fondrières pendant la saison humide ; des bottes de pêcheurs eussent été les chaussures les plus pratiques pour jouer. Le golfeur se frayait un chemin au travers d'un marécage, projetant des éclaboussures de boue à peu près à chaque coup et trouvant malgré cela de l'attrait à ce jeu.

Pendant ces dernières années, de grandes améliorations ont été opérées. Prenez par exemple le parcours du club dont j'ai l'honneur de faire partie, *South Herts* à Totteridge ; il était aussi humide que tous les terrains argileux. Par malchance, les premières opérations de drainage exécutées ne produisirent aucun résultat satisfaisant ; aussi avions-nous examiné le système de drainage et découvert l'explication de son inefficacité. Dans certains cas, les tuyaux ne débouchaient ni dans un fossé, ni dans un canal destiné à recueillir l'eau. Ils suivaient des voies détournées et s'arrêtaient brusquement, comme si l'ingénieur les avait posés jusqu'à extinction de son stock, et s'en était retourné chez lui, satisfait de sa besogne. Il n'y avait pas d'endroit où l'eau pût se déverser, nous étions donc toujours dans l'eau. Nous nous mîmes à l'œuvre de nouveau et plaçâmes 30.000 nouveaux tuyaux ; nous avons été largement récompensés de notre entreprise. Ceci prouve sans contestation la possibilité de drainer pendant l'hiver un terrain de golf argileux.

CHAPITRE XV

LE golf a fait merveille depuis qu'il est sorti d'Ecosse,
et rien n'est plus remarquable que l'extension qu'il
a prise à l'étranger. Quand, il y a plus de vingt ans, je
quittai Jersey pour venir en Angleterre faire de ce jeu ma
profession, le golf commençait seulement à se faire aimer
des Anglais. En dehors des limites du Royaume Uni, sa
situation était des plus modestes. Même en Angleterre,
les joueurs n'étaient pas aussi nombreux qu'on aurait pu
le désirer et le professionnel avait maintes occasions de
s'exercer dans un isolement complet. Il en résultait qu'il
pouvait se livrer à une étude approfondie de toutes les parties du jeu, ce qui était excellent. Je m'en suis certainement fort bien trouvé pour ma part, car j'employais presque
tous mes loisirs à apprendre de nouveaux coups. Mais, à
cette époque, ce n'était pas à proprement parler une occu-
pation lucrative, et il fallait être plein d'enthousiasme
pour s'efforcer d'arriver à la perfection dans un sport qui
n'intéressait relativement que bien peu de gens.

C'est une bonne fortune que d'avoir vécu dans cette période si bien remplie, qui a vu surgir le golf de l'obscurité
pour venir rivaliser avec les plus grands jeux du monde.
Rappeler sa médiocre importance il y a un quart de siècle
et la comparer à son succès actuel forme un contraste
frappant ; c'est une grande satisfaction de savoir que main-

tenant le golf a pris possession de l'univers et n'est pas seulement la marotte d'une seule race.

J'ai joué aux Etats-Unis, en France, en Belgique, en Allemagne, en Suisse et dans d'autres pays ; partout l'enthousiasme des indigènes m'a paru remarquable. Comme exemple d'engouement, je ne peux rien citer de plus convaincant qu'un incident dont je fus le témoin au Touquet il y a trois ans. Deux Français arrivent pour faire une partie ; ils trouvent le terrain couvert d'une couche épaisse de neige. On leur dit qu'il est impossible de jouer au golf ; ainsi en avaient du moins décidé irrévocablement quelques Anglais habitant l'hôtel. Les Français ne se découragent pas pour si peu ; ils se procurent des *snow boots*, sortent, jouent et déclarent à la fin du tour que la partie les a énormément amusés. La France est destinée, je crois, à devenir un grand pays de golf. Chaque année voit s'augmenter le nombre des joueurs et les membres des clubs autour de Paris sont recrutés principalement parmi les Français, alors qu'il y a encore quelques années ces clubs se composaient presque entièrement d'Anglais et d'Américains de passage à Paris ou y résidant.

Il est facile de se rendre compte à quel point le niveau du golf s'est élevé aux Etats-Unis, depuis que j'y ai été en 1900, par la forme de certains joueurs américains tels que M. W. J. Travis, J. D. Travers, E. M. Evans et P. Herrshoff qui sont venus en Angleterre durant ces neuf ou dix dernières années. Le meilleur amateur que j'aie vu pendant ma tournée est M. H. Harriman ; il est vraiment excellent. Beaucoup de bons golfeurs se sont révélés aux Etats-Unis, mais aucun n'est meilleur que M. Jérome Travers dont le style, je crois, est le meilleur qu'il soit possible de voir chez un aussi jeune joueur.

Sans doute la disposition des parcours, en Amérique, a quelque peu changé depuis mon dernier voyage. Les *teeing grounds* en asphalte m'ont donné beaucoup à réfléchir pendant la première partie de mon séjour. Ils paraissaient faits pour offrir les meilleures occasions de casser un précieux driver, et ils ont été cause d'un changement dans mes méthodes qui m'est resté longtemps après être rentré en Angleterre. Afin d'éviter le danger de frapper l'asphalte et de briser mon club, j'avais pris l'habitude de me reculer au moment de frapper. Je n'ai jamais pu essayer de ces teeing grounds un coup à ras de terre contre le vent ; ce coup bas, occasionnant le contact du club avec la surface du tee, aurait à peu près sûrement fait voler la tête du club en éclats.

Je m'étais ainsi habitué à me reculer en donnant mon coup et il m'a fallu un an ou deux pour me défaire radicalement de cette habitude, quand je revins définitivement au golf de mon pays. Ces *teeing grounds* aussi durs que le diamant ont dû être précieux pour les fabricants de clubs ; j'imagine volontiers qu'un joueur inexpérimenté, qui n'était pas sûr de frapper nettement la balle, avait besoin d'emporter une douzaine de drivers, afin d'être certain d'en garder un intact pour le dernier trou. Ces *teeing grounds* étaient défectueux à tous les points de vue et je suppose qu'ils ont depuis longtemps cessé d'exister.

Les particularités des terrains de golf en forêt consistaient en ce que les *teeing grounds* étaient construits en haut des arbres.

J'ai été amené à voir de tels teeing grounds en deux occasions. Ils constituaient d'appréciables innovations, puisqu'ils permettaient de voir le drapeau, là où ordinairement cela eût été impossible. C'étaient de splendides entreprises que plusieurs de ces terrains créés au milieu de forêts de pins. Le joueur avait à escalader une longue suite de marches, afin d'atteindre la plate-forme construite dans un arbre.

Là, dans cette position élevée, de même qu'un heureux candidat au Parlement qui remercie de son balcon la foule à ses pieds, le joueur surélevait sa balle et faisait son drive.

Le golfeur qui fait une tournée aux Etats-Unis est à

même de rencontrer des terrains très variés, ou, tout au moins, l'étaient-ils il y a douze ans. Je crois que de grands progrès ont été accomplis et que bien des situations que je trouvais amusantes, en raison de leur nature inattendue, ne se présentent plus désormais à celui qui cherche du nouveau. Les Américains se sont donnés corps et âme à ce jeu et ils n'ont épargné ni peine ni argent pour donner à leurs links une disposition modèle, en tous points digne des parcours anglais. Un certain terrain de golf sur lequel j'ai joué était constitué de sable fin depuis le tee jusqu'au trou. C'était comme un immense bunker de plusieurs milles de long et de centaines de mètres de large ; on eût cru avoir commis quelque affreux délit et avoir été condamné à passer la journée dans un bunker. Aucune tentative n'avait été faite pour y faire pousser un brin d'herbe. Un lourd rouleau avait aplani ce désert ; plusieurs teeing grounds avaient été faits ainsi que des trous et les enthousiastes étaient accourus pour apprendre à jouer au golf. C'étaient de véritables fanatiques. On m'a dit que ce même endroit possède aujourd'hui un excellent terrain de golf.

J'ai vu en Floride des putting greens en sable, qui étaient bien meilleurs que la majorité des putting greens de gazon. De fait, on était inexcusable d'y manquer un putt. Un coup bien frappé et bien dirigé était sûr d'entrer dans le trou.

Desséchés par le soleil, ils étaient roulés, saupoudrés de sable et arrosés deux fois par jour de main d'homme ; il en résultait que leur surface était aussi unie qu'un billard. On leur prodiguait ces soins le matin de bonne heure et une seconde fois avant les parties de l'après-midi. Leur soif était perpétuelle et l'arrosage indispensable, parce que, quand ils étaient secs et que le vent dispersait le sable, ils perdaient toute leur perfection et se transformaient en greens de gravier. Toutefois, quand ils étaient bons, ils étaient vraiment parfaits.

Ce fut à Saint Augustin en Floride que je vis pour la

première fois des crabes de terre dévaler le long d'un parcours de golf. Pour l'homme qui ne cesse de condamner les vers pour leurs méfaits et qui n'a accepté qu'à contrecœur les moutons et les lapins, comme faucheurs du *fairway*, il est bien obligé de modifier sa manière de voir quand il voit une famille de crabes trottiner à l'endroit où il se dispose à driver. Ce sont d'ailleurs des créatures raisonnables et, à votre approche, ils rentrent dans leurs trous.

Quand j'étais aux Etats-Unis, le gazon n'était pas, à beaucoup près, aussi bon qu'en Angleterre ; cela a dû retarder considérablement les progrès des joueurs américains. De fait, leur jeu était très bon, si l'on considère le peu de temps pendant lequel ils s'étaient adonnés au golf et les difficultés qu'entraînait l'état du terrain ; ces difficultés, nous les ignorons dans notre pays au gazon de velours. L'amélioration des parcours devait se réaliser par la suite, sans quoi l'Amérique n'aurait jamais pu produire les excellents joueurs qu'elle a envoyés en Angleterre.

Partout où j'ai été, j'ai eu la preuve d'un grand enthousiasme pour le jeu ; des foules nombreuses suivaient les *matches* et je dois avouer que j'ai été agréablement surpris par la connaissance du jeu dont elles faisaient preuve. Les Américains se sont mis au golf avec une ardeur sans pareille et en respectant les traditions ; même dans ce temps-là, je sentais que les spectateurs prenaient un intérêt réel au jeu et n'étaient pas uniquement curieux de voir quelle sorte de distraction ce pouvait être. Ils aimaient toutefois ce qui sortait de l'ordinaire ; ils admiraient un coup bizarre et peut-être inutile que j'exécutais simplement par amour du changement quand j'étais à *Ganton*. Je plaçais légèrement la balle sur un bouquet d'ajoncs, de telle façon qu'aucune tige ne pût entraver en dessous le passage du club, je frappais la balle avec un *full drive* et la lançais tout droit en l'air, de façon qu'elle retombât à un mètre à peu près de l'endroit d'où elle était partie. Cela peut avoir été un bon exercice pour l'œil ; cela nécessitait certainement un bon swing. C'était peut-être un peu puéril, néanmoins je pouvais lancer la balle à perte de vue dans les cieux et quelquefois la faire retomber dans le même petit buisson d'où je l'avais lancée. Parfois, il s'en fallait de peu que la balle ne retombât littéralement sur ma propre tête. Les Américains eurent la révélation de ce coup et insistaient souvent pour me le faire exécuter. Nous avons tous eu nos péchés de jeunesse : c'était le mien.

J'ai été frappé en Amérique de la distance à laquelle je pouvais envoyer une balle. Je réussissais à lui donner beaucoup plus de portée qu'en Angleterre. L'atmosphère plus sèche des Etats-Unis offre moins de résistance à la balle, et si vous vous flattez, quand vous êtes en Amérique, d'avoir augmenté la longueur de vos tee shots, vous aurez un réveil désagréable à votre retour dans votre pays. De telles déceptions sont constamment éprouvées par les personnes qui voyagent en vue du golf. Ainsi, dans le sud de la France, les obstacles et les trous paraissent, aux yeux d'un étranger, beaucoup plus éloignés qu'ils ne le sont en réalité. Vous jugez la situation d'un coup d'œil, vous croyez avoir donné à votre coup la force nécessaire et vous êtes tout déconcerté en voyant votre balle tomber de l'autre côté du green. De fait, c'est une question d'éducation de l'œil et cela s'apprend très vite.

Le golf fait de remarquables progrès en Allemagne, et j'ai entendu dire par des Allemands au courant des désirs de leurs compatriotes que si des Anglais, très experts dans la construction d'un terrain de golf, voulaient choisir un site et établir un parcours de premier ordre auprès d'une de leurs grandes villes, l'entreprise aurait un immense succès. Autant que je puis en juger par mon expérience, les parcours allemands sont très inférieurs aux nôtres.

En Suisse également, le jeu fait de rapides progrès. Montreux, où le terrain de golf est une sorte d'île d'émeraude entourée de neige, peut être cité comme modèle par les clubs qui se trouvent en but à toutes les difficultés que les propriétaires ont coutume de soulever. Afin d'obtenir un terrain suffisant pour douze trous supplémentaires, le club de Montreux a été obligé de marchander avec 87 propriétaires.

Quel heureux temps pour les hommes d'affaires ! On a mis trois ans pour faire aboutir les négociations ; deux des propriétaires, dont les petits lots se trouvaient situés au milieu du nouveau terrain, persistèrent à résister aux offres les plus tentantes.

Finalement ils cédèrent, et le comité du club de Montreux reçut satisfaction.

Peut-être tôt ou tard irai-je encore plus loin. De temps en temps, je reçois des invitations pour visiter l'Australie, le sud de l'Afrique, les Indes ; mais ces pays me paraissent éloignés de l'Angleterre par tant de drives que j'hésite à quitter mon *teeing ground* natal. Le golf a reçu maintenant partout ses lettres de naturalisation et il le mérite. Il n'a pas d'égal, je crois, pour éprouver les forces et les faiblesses humaines. Ce n'est pas le joueur impétueux qui peut s'en rendre maître ; l'adresse qu'il exige ne peut pas davantage être obtenue en traitant avec mépris ses difficultés. On a souvent dit que j'étais né golfeur ; je ne puis dire qu'une chose, c'est que, dans ma jeunesse, je me suis exercé aussi assidûment qu'aucun joueur d'Angleterre. Il n'y a pas un de mes coups qui me soit venu comme un don pur et simple. Pendant deux ou trois ans après être devenu professionnel, je faisais constamment de nouvelles expériences et je cherchais de nouvelles méthodes pour exécuter certains coups ; car, à cette époque, il n'y avait personne dont je pus imiter le style. Quelque instinct que j'aie pu avoir pour le golf, mon jeu n'aurait jamais pris de forme précise, si je n'avais pas réfléchi et pratiqué longuement. Tel est le jeu de golf. Il ne peut exister personne jouant bien au golf qui ne sache comment il procède.

Un bon golfeur se rend compte, jusque dans les plus petits détails, de la manière dont il obtient ses effets.

J'ai exposé dans ce livre tout ce que j'ai appris en vingt années et plus de contact assidu avec les links. J'espère seulement que le fruit de mon expérience sera profitable à bien d'autres fervents du golf et qu'en jouant ma partie matinale, je pourrai moi-même faire exactement ce que j'ai conseillé et ce que j'ai, en mille occasions, démontré être correct.

RÈGLES

DU

JEU DE GOLF

Règles du Jeu de Golf

Définitions.

1. Un camp, *side*, comprend soit un, soit deux joueurs. Si un joueur joue contre un autre, la partie s'appelle une partie simple, un *single* ; si deux jouent contre deux, chaque camp jouant une balle, la partie s'appelle une partie double, *foursome*. Si un joueur joue contre deux joueurs qui ne jouent qu'une balle à eux deux, la partie s'appelle une partie à trois, *threesome*.

Camp. (*Side.*)

2. Un conseil, *advice*, est tout conseil ou suggestion qui puisse influencer un joueur à déterminer la ligne de jeu, ou dans le choix d'un club ou dans la manière de faire un coup.

Conseil. (*Advice.*)

3. Le parcours, *course*, est tout le terrain sur lequel le jeu est permis et, plus particulièrement, c'est le terrain spécialement préparé qui se trouve entre les trous.

Parcours. (*Course.*)

4. L'endroit du départ, *teeing-ground*, est le point de départ pour un trou. L'avant de chaque endroit de départ doit être indiqué par deux marques placées en ligne autant que possible à angle droit avec la ligne de jeu, et l'endroit du départ comprendra une surface rectangulaire de la largeur de deux longueurs de club, directement en arrière de la ligne indiquée par les deux marques.

Endroit de départ. (*Teeing-ground.*)

5. A travers le parcours, *through the green*, est tout le terrain sur lequel le jeu est permis, exception faite des hasards et de la pelouse du trou vers lequel on joue.

A travers le parcours.(*Through the green.*)

6. Un hasard, *hazard*, est tout monticule de terre, *bunker*, toute eau (eau casuelle exceptée), tout sable, sentier, route, fossé, buisson ou roseaux. Le sable semé par le vent sur le gazon ou mis pour la préservation de celui-ci, les endroits où le gazon est usé, les empreintes de moutons, la neige et la glace ne sont pas des hasards.

Hasard. (*Hazard.*)

7. De l'eau casuelle, *casual water*, signifie toute accumulation temporaire d'eau (amenée par la pluie, l'inondation ou autre cause) qui n'est pas un des hasards ordinaires et reconnus du parcours.

Eau casuelle. (*Casual Water.*)

8. Hors limites, *out of bounds*, est tout terrain sur lequel le jeu est défendu.

Hors limites. (*Out of bounds.*)

9. Une balle est hors limites quand sa plus grande partie repose sur un terrain défendu.

Balle hors limites. (*Ball out of bounds.*)

10. La pelouse du trou, *putting-green*, comprend tout le terrain (hasards exceptés) qui se trouve à moins de 18 mètres du trou.

Pelouse du trou. (*Putting-green.*)

Le trou.
(Hole.)

11. Le trou, *hole*, aura 0ᵐ,10 1/2 (4 1/4 inches) de diamètre et au moins 0ᵐ,10 (4 inches) de profondeur ; si le trou a un intérieur de métal, celui-ci sera enfoncé plus bas que la coupée du trou et son diamètre extérieur n'aura pas plus de 0ᵐ,10 1/2.

Obstacles détachés. *(Loose Impédiments.)*

12. Obstacles détachés, *Loose Impediments*, veut dire obstacles qui ne sont pas fixés ou qui ne poussent pas et comprennent le crottin, les traces de vers, les taupinières, la neige et la glace.

Un coup.
(Stroke.)

13. Un coup, *stroke*, est le mouvement en avant du club fait avec l'intention de frapper la balle ou tout contact entre la tête du club et la balle ayant pour résultat le mouvement de la balle, exception faite du cas où la balle est accidentellement renversée du tas, *tee ;* voir règle 2 (1).

Coup amende.
(Penalty stroke.)

14. Un coup d'amende, *penalty stroke*, est un coup ajouté au nombre de ceux d'un camp, suivant certaines règles, et ne change pas l'ordre du jeu.

L'honneur.
(Honour.)

15. Le camp qui joue le premier de l'endroit du départ est dit avoir l'honneur, *honour*.

Surélever une balle. *(Teeing.)*

16. Quand l'on fait un tas, *tee*, la balle peut être placée à terre ou sur du sable ou autre substance, afin de la surélever de terre.

Adresser la balle.
(Addressing the ball.)

17. Un joueur a adressé la balle, *addressed the ball*, quand il s'est mis en position et a touché terre avec son club ou dans un hasard s'il a pris une pose préparatoire pour frapper la balle.

En jeu.
(In play.)

18. Une balle est en jeu, *in play*, aussitôt que le joueur a fait un coup sur l'endroit de départ, et elle reste en jeu jusqu'à ce qu'elle soit retirée du trou, excepté quand elle est relevée suivant les règles.

Balle ayant bougé.
(Ball deemed to move.)

19. Une balle est dite avoir bougé, *moved*, quand elle quitte du moindre degré sa position première ; mais elle n'est pas considérée comme ayant bougé si elle oscille simplement et reste dans sa position première.

Balle perdue.
(Ball lost.)

20. Une balle est dite perdue, *lost*, si elle n'est pas retrouvée dans l'espace de cinq minutes à partir du moment où l'on commence à la chercher.

Termes employés pour faire le compte des coups et des trous.
(Terms used in reckoning game.)

21. Le compte des coups, *reckoning*, se fait en employant les termes suivants :

Plus, *odd ;* deux de plus, *two more ;* trois de plus, *three more*, etc.; et moins trois, *one off three ;* moins deux, *one off two ;* autant, *the like*.

Le compte des trous se fait en employant les termes suivants :

Tant de trous d'avance : *so many holes up ;* égalité, *all even*.

Tant de trous à jouer : *so many holes to play*.

On dit qu'un camp est *dormie* quand il a autant de trous d'avance qu'il en a à jouer.

— Règles. —

RÈGLE 1.

Manière de jouer.
(Mode of play.)
Conditions du match.
(Conditions of match.)

(1) Le jeu de golf est joué par deux camps, chaque camp jouant sa balle.

Le jeu consiste à envoyer une balle de l'endroit du départ au trou par des coups successifs. Le trou est gagné par le camp qui loge sa balle dans le trou dans un plus petit nombre de coups que le camp opposé, excepté dans les cas prévus dans les règles. Le trou est partagé, *halved*, si les deux camps emploient le même nombre de coups.

(2) A moins qu'il n'en ait été convenu autrement, une partie consiste à faire un tour du parcours, *course*. Une partie est gagnée par le camp qui a l'avantage par un nombre de trous supérieur au nombre de trous qui restent encore à jouer. — Priorité sur le parcours. (*Priority on the course.*)

Une partie est partagée, *halved*, lorsque les deux camps gagnent le même nombre de trous. Les parties simples, les parties à trois, ou les parties doubles auront la précédence et le droit de dépasser toute autre espèce de partie.

Un joueur seul n'a pas rang sur le parcours et doit toujours faire place à n'importe quelle partie.

Toute partie jouant la totalité du parcours a le droit de dépasser une partie qui ne joue qu'une partie du parcours. Si une partie ne peut pas maintenir sa place sur le parcours et laisse un espace de plus d'un trou entier entre elle et les joueurs qui la précèdent, les joueurs qui la suivent peuvent la dépasser en en faisant la demande.

RÈGLE 2.

(1) Pour commencer une partie, chaque camp joue une balle en partant du premier endroit de départ. — La priorité à l'endroit du départ. (*Priority on the teeing ground*).

Une balle jouée par erreur en dehors des limites de l'endroit de départ, ou jouée par un joueur quand son adversaire aurait dû avoir l'honneur, peut être de suite redemandée par le camp adversaire et peut être retassée sans amende.

Si une balle tombe ou est renversée du tas, *tee*, par un joueur en l'adressant, elle peut être retassée sans amende ; si elle est frappée étant ainsi en mouvement, il n'y a pas d'amende.

(2) La question de prendre l'honneur, *the honour*, au premier endroit de départ est décidée par le sort, si cela est nécessaire. Le camp qui gagne le trou prend l'honneur à l'endroit du départ suivant. Si un trou est partagé, *halved*, le camp qui a eu l'honneur à l'endroit du départ précédent le conserve. — L'honneur. (*The honour.*)

Au commencement d'une nouvelle partie, le gagnant de la partie précédente prend l'honneur.

Si la partie précédente a été partagée, *halved*, le camp qui le dernier a gagné un trou prendra l'honneur.

RÈGLE 3.

Dans une partie à trois, *threesome*, ou à quatre, *foursome*, les partenaires jouent alternativement le premier coup des endroits de départ et puis jouent alternativement les coups pour arriver à chaque trou. Si un joueur joue quand c'est le tour de son partenaire, leur camp perd le trou. — L'ordre du jeu dans une partie à trois et dans une partie double. (*Order of play in a threesome and foursome.*)

RÈGLE 4.

(1) Un joueur ne doit pas demander ni recevoir volontairement des conseils de qui que ce soit, sauf de son *caddie*, de son partenaire ou du caddie de son partenaire. — Demander des conseils. (*Asking advice.*)

(2) Un joueur peut employer un caddie éclaireur, *forecaddie*, mais ne doit pas en recevoir de conseils. — L'avis du caddie éclaireur.

Indication de la ligne de jeu. (*Indicating line of play.*)	(3) Quand il joue à travers le terrain ou lorsqu'il joue d'un hasard, un joueur peut se faire indiquer la ligne de la direction du trou, mais on ne peut pas placer de marque, ni se tenir sur la ligne pour l'indiquer, pendant qu'on joue le coup. L'amende pour infraction à cette règle est la perte du trou.

RÈGLE 5.

Balle doit être frappée franchement. (*Ball to be fairly struck at.*)

La balle doit être frappée franchement avec la tête du club et ne peut pas être poussée, ni râclée, ni ramassée comme avec une cuiller.

L'amende pour l'infraction à cette règle est la perte du trou.

RÈGLE 6.

La balle doit être jouée n'importe où elle se trouve. (*Ball played wherever it lies.*)

Une balle doit être jouée, quelle que soit la position qu'elle occupe, ou le trou doit être abandonné ; exception faite pour les cas prévus par les règles générales et les règles locales.

RÈGLE 7.

La balle la plus éloignée du trou jouée en premier. (*The ball further from hole played first.*)

Quand les balles sont en jeu, la balle qui est la plus éloignée du trou sera rejouée la première.

A travers le terrain ou dans un hasard, si un joueur joue lorsque c'était le tour de son adversaire, ce dernier peut immédiatement faire recommencer le coup. Une balle ainsi ramenée sera laissée tomber, *dropped*, aussi près que possible de l'endroit où elle était, sans qu'il y ait d'amende.

RÈGLE 8.

Comment faire tomber une balle. (*How to drop a ball.*)

Pour faire tomber, *le drop*, une balle, on procède de la façon suivante : le joueur lui-même fait face à la direction du trou, se tient droit et laisse tomber la balle *par-dessus son épaule*. L'amende pour infraction à cette règle sera la perte du trou.

Si en tombant la balle touche le joueur, il n'encourt pas d'amende, et si elle roule dans un hasard le joueur peut faire retomber la balle sans amende.

RÈGLE 9.

La balle ne doit pas être touchée excepté. (*Ball not to be touched except.*)

(1) Une balle en jeu ne doit pas être touchée avant qu'elle n'ait été mise dans le trou, sauf comme il est prévu dans les règles.

L'amende pour l'infraction à cette règle est d'un coup (c'est-à-dire un coup ajouté au nombre de ceux du joueur fautif).

En adressant. (*In addressing.*)

Un joueur peut toucher sa balle avec son club sans amende, quand il est en train de l'adresser, pourvu qu'il ne la bouge pas.

Pour l'identification.

Avec le consentement de son adversaire, un joueur peut soulever une balle en jeu pour l'identifier, mais il doit la replacer soigneusement.

Balle bougée par la balle de l'adversaire. (*Ball moved by opponent's ball.*)

(2) Si la balle d'un joueur fait bouger la balle de son adversaire à travers le parcours ou dans un hasard, cet adversaire peut, si cela lui plaît, faire tomber une balle sans amende aussi près que possible de l'endroit où sa balle était, mais ceci doit être fait avant qu'aucun autre coup n'ait été joué par l'un ou l'autre des joueurs.

RÈGLE 10.

En jouant à travers le parcours, les irrégularités de surface qui pourraient influencer de toute manière le coup d'un joueur ne doivent pas être enlevées ni aplanies par le joueur, son partenaire ou leurs caddies ; un joueur a toutefois toujours le droit de planter ses pieds fermement sur le sol pour prendre sa position. L'amende pour l'infraction à cette règle est la perte du trou.

Enlèvement des irrégularités de surface.
(Removal of irregularities of surface.)

RÈGLE 11.

Tout poteau de drapeau, drapeau-guide, poteau-guide mobile, brouette, outil, rouleau, tondeuse pour gazon. boîte, véhicule ou une autre obstruction semblable peuvent être écartés.

Une balle bougée en enlevant un obstacle sera remise en place sans amende.

Enlèvement d'obstacles.
(Removal of obstructions.)

Une balle qui touche ou se trouve sur un tel obstacle ou qui se trouve en contact avec des vêtements, des filets, un terrain en réparation, un terrain couvert ou creusé pour l'entretien du parcours, et également une balle dans un des trous, dans un trou pour drapeau-guide ou un trou fait par le gardien des pelouses, peut être relevée et on peut la faire tomber sans amende aussi près que possible de l'endroit où elle était, mais pas plus près du trou vers lequel on joue. Si une balle est soulevée dans un hasard dans de telles conditions, on doit la faire tomber dans le hasard.

Erreur de trou.
(Wrong hole.)

RÈGLE 12.

(1) Tout obstacle détaché se trouvant à une distance d'une longueur de club au plus de la balle et qui n'est pas dans un hasard ou ne le touche pas peut être enlevé sans amende ; si la balle bouge après qu'un tel obstacle a été touché par le joueur, son partenaire ou leurs caddies, le joueur sera censé avoir fait bouger sa balle et l'amende sera d'un coup.

Enlèvement d'obstacles détachés.
(Removal of loose impediments.)

(2) Un obstacle détaché se trouvant à plus d'une longueur de club de la balle ne doit pas être enlevé ; l'amende est la perte du trou. excepté quand l'obstacle détaché se trouve sur la pelouse du trou (voir règle 28 (1).

(3) Quand une balle est en jeu, si un joueur. son partenaire ou un de leurs caddies, fait accidentellement bouger la balle ou la fait bouger en touchant autre chose, l'amende sera d'un coup.

Balle accidentellement bougée.
(Ball accidentally moved.)

(4) Si une balle en jeu bouge après que le joueur a mis son club à terre dans l'acte de l'adresser. ou si une balle en jeu qui se trouve dans un hasard bouge après que le joueur s'est mis en position pour la jouer, il sera censé l'avoir fait bouger et l'amende sera d'un coup.

Nota bene. — Quand le joueur a enlevé un obstacle détaché (voir règles 12 (1) et 28 (1) et que la balle a seulement bougé quand il a touché terre avec son club, il sera censé avoir fait bouger la balle comme il est dit à la section (4), règle 12, et l'amende sera d'un coup.

Balle ayant bougé après que le club est mis à terre.
(Ball moving after club grounded.)

RÈGLE 13.

Jouer une balle en mouvement.
(Playing a moving ball.)

L'amende est la perte du trou quand un joueur joue sa balle lorsqu'elle est en mouvement, excepté dans le cas d'une balle tassée, *teed* (règle 2), ou d'une balle frappée deux fois (règle 14), ou d'une balle dans l'eau (règle 26). Quand la balle commence seulement à bouger lorsque le joueur balance son club en avant ou en arrière, il n'encourt pas d'amende sous la règle 13, mais il n'est pas exempt des cas prévus dans les règles 12 (1), 28 (1) et 12 (3 et 4).

RÈGLE 14.

Frapper une balle deux fois.
(Striking ball twice.)

Lorsqu'un joueur, en faisant un coup, frappe la balle deux fois, l'amende sera d'un coup, mais il n'aura pas d'autre amende, en raison d'avoir frappé sa balle, lorsqu'elle était en mouvement.

RÈGLE 15.

Déplacer ou courber des objets fixes, etc.
(Moving or bending fixed or growing objects.)

Avant de frapper une balle en jeu, un joueur ne devra pas déplacer, courber ou casser quoi que ce soit de fixe ou qui pousse, excepté autant qu'il est nécessaire pour prendre franchement sa position en adressant la balle ou faire balancer son club en avant ou en arrière.

Le club doit être mis légèrement à terre et non appuyé.

L'amende pour l'infraction à cette règle sera la perte du trou.

RÈGLE 16.

Balles reposant à moins d'une longueur de club l'une de l'autre.
(Balls within a club length of each other.)

Quand les balles reposent, à moins d'une longueur de club l'une de l'autre, à travers le parcours ou dans un hasard, la balle qui est le plus près du trou peut, au choix de son joueur ou de l'adversaire, être soulevée jusqu'à ce que l'autre balle ait été jouée et ensuite replacée aussi près que possible de l'endroit où elle reposait.

Si l'une ou l'autre des balles est accidentellement bougée dans l'application de cette règle, aucune amende ne sera encourue et la balle ainsi bougée sera remise en place.

Si la situation ou surface, *the lie*, où reposait la balle soulevée se trouve changée par le jeu de l'autre balle, la balle soulevée peut être placée aussi près que possible de l'endroit où elle reposait et dans une situation semblable à celle qu'elle occupait en premier lieu.

RÈGLE 17.

Balle en mouvement arrêtée.
(Moving ball stopped.)

Balle tombant dans un objet mouvant.
(Ball lodging in anything moving.)

Balle en repos déplacée par une influence étrangère.
(Ball at rest displaced by outside agency.)

(1) Lorsqu'une balle *en mouvement* est arrêtée ou déviée par toute influence en dehors de la partie, ou par un caddie éclaireur, cela est considéré comme un incident du jeu, *rub of the green*, et la balle est jouée de l'endroit où elle repose.

(2) Lorsqu'une balle tombe dans *quoi que ce soit de mouvant*, on doit la relever et la faire tomber, ou si l'on se trouve sur la pelouse du trou, elle doit être placée aussi près que possible de l'endroit où se trouvait l'objet quand la balle y tomba, sans amende.

(3) Lorsqu'une balle *en repos* est déplacée par toute influence en dehors de la partie, exception faite du vent, le joueur fera tomber une balle aussi près que possible de l'endroit où elle reposait sans amende, et si la balle est déplacée lorsqu'elle se trouve sur la pelouse du trou, elle sera replacée sans amende.

RÈGLE 18.

Lorsque la balle d'un joueur est arrêtée ou bougée par l'adversaire, le caddie, ou les clubs de l'adversaire, ou bien frappe l'un d'eux, cet adversaire perdra le trou, exception faite des cas prévus dans les règles 22 (3) et 33.

Balle frappant un adversaire, etc. (Ball striking opponent, etc.)

RÈGLE 19.

Lorsque la balle d'un joueur le frappe, ou est arrêtée par lui-même, ou est frappée ou arrêtée par son partenaire ou l'un ou l'autre de leurs caddies ou par leurs clubs, son camp perdra le trou.

Balle frappant le joueur, etc. (Ball striking player, etc.)

RÈGLE 20.

(1) Lorsqu'un joueur joue la balle de son adversaire, son camp perdra le trou, à moins que :

(*a*) L'adversaire joue alors la balle de ce joueur ; dans ce cas, l'amende est annulée et le jeu sera continué avec les balles ainsi échangées jusqu'à ce que le trou soit fini ;

(*b*) L'erreur ait eu lieu par l'information inexacte de l'adversaire ou de son caddie, dans lequel cas il n'y aura pas d'amende ; si l'erreur est découverte avant que l'adversaire n'ait joué, elle sera rectifiée en faisant tomber une balle aussi près que possible de l'endroit où était la balle de l'adversaire.

Sur la pelouse du trou, *putting-green*, la balle sera replacée.

Avoir joué la balle de l'adversaire. (Playing opponent's ball.)

(2) Lorsqu'un joueur joue un coup avec la balle de quelqu'un ne prenant pas part à la partie et que l'erreur est découverte et signifiée à son adversaire avant que celui-ci n'ait joué son coup suivant, il n'y aura pas d'amende ; si l'erreur n'est découverte et signifiée qu'après que l'adversaire a joué son coup suivant, le camp du joueur perdra le trou.

Avoir joué une balle étrangère au match. (Playing ball outside the match.)

RÈGLE 21.

Lorsqu'une balle est perdue, sauf lorsqu'elle l'est dans l'eau, de l'eau casuelle ou hors limites, le camp du joueur perdra le trou, à moins qu'il ne soit après découvert que la balle de l'adversaire est aussi perdue ; dans lequel cas le trou sera partagé, *halved*.

Balle perdue. (Ball lost.)

RÈGLE 22.

(1) Lorsqu'une balle tombe dans de la luzerne, du regain, des broussailles, des herbes hautes ou végétations semblables, le joueur ne doit les toucher qu'autant qu'il est nécessaire pour trouver sa balle.

Pour trouver une balle tombée dans l'herbe haute, etc. (Looking for ball in bent, etc.)

(2) *Lorsqu'une balle est complètement couverte par du sable, le joueur en retirera suffisamment pour lui permettre de voir le sommet de la balle ; s'il touche la balle en retirant le sable, il n'encourra pas d'amende.*

Tombée dans du sable. (In sand.)

(3) Lorsqu'un joueur ou son caddie, en cherchant la balle d'un adversaire, la touche ou la bouge accidentellement, il n'y aura pas d'amende et la balle sera remise en place si elle a été bougée.

L'amende pour l'infraction à cette règle sera la perte du trou.

Bougée accidentellement par l'adversaire la cherchant. (Accidentally moved by opponent in search.)

RÈGLE 23.

Balle hors limites.
(Ball out of bounds.)

(1) Lorsqu'une balle tombe hors limites, le joueur devra jouer son coup suivant autant que possible à l'endroit d'où la balle qui est hors limites fut jouée.

Si la balle a été envoyée hors limites en partant de l'endroit du départ, teeing-ground, *le joueur peut faire un* tee *pour son coup suivant ; dans tous les autres cas, il devra faire tomber la balle.*

Balle jouée provisoirement.
(Provisional ball played.)

(2) Lorsque le joueur, après avoir joué un coup, est incertain d'avoir ou de n'avoir pas envoyé sa balle hors limites, il peut jouer une autre balle, comme il est prévu dans la partie (1) de cette règle ; mais si l'on s'aperçoit que la première balle n'était pas hors limites, elle continuera à être en jeu sans amende.

En atteignant l'endroit où la première balle doit probablement se trouver, lorsque le joueur ou son adversaire sont encore indécis, le joueur n'a pas le droit de considérer la balle comme étant hors limites avant de l'avoir cherchée pendant cinq minutes.

S'assurer de la position de la balle.
(Ascertaining position of ball.)

(3) Un joueur a le droit à tout moment de s'assurer si la balle de son adversaire est ou n'est pas hors limites, avant que cet adversaire ne le contraigne à continuer son jeu.

Joueur hors limites.
(Standing out bounds.)

(4) Un joueur peut se tenir hors limites pour jouer une balle reposant dans les limites.

RÈGLE 24.

Balle impropre au jeu.
(Ball unfit for play.)

Lorsqu'une balle se brise en plusieurs morceaux, on peut faire tomber une balle là où l'un des morceaux quelconque repose. Lorsqu'une balle se fendille ou devient impropre au jeu, le joueur peut la changer en prévenant son adversaire de son intention. Une balle à laquelle de la boue reste adhérente n'est pas considérée comme impropre au jeu.

Les Hasards et l'Eau casuelle.

RÈGLE 25.

Conditions du jeu dans les hasards.
(Conditions of play in hazards.)

Lorsqu'une balle repose dans un hasard ou le touche, **on ne doit** faire aucune chose pour améliorer sa position ; le club ne **doit pas** toucher le sol et rien ne sera touché ou bougé avant que le joueur n'ait frappé la balle, sauf les exceptions suivantes :

(1) Le joueur peut placer ses pieds fermement à terre pour **prendre** sa position.

(2) En adressant la balle ou dans le balancement du club, **en avant** et en arrière, il peut toucher toutes herbes, broussailles ou autres végétations, ou le côté d'un *bunker*, mur de palissade ou **tout obstacle** inamovible.

(3) Les marches ou planches placées dans un hasard par la **com**mission pour en faciliter l'accès et la sortie peuvent être enlevées, et si en le faisant, la balle se trouve bougée, on la replace sans encourir d'amende.

(4) Tout obstacle mobile peut être enlevé de la pelouse du trou, *putting-green.*

(5) Le joueur a le droit de trouver sa balle ainsi qu'il l'est prévu dans la règle 22.

L'amende pour l'infraction à cette règle sera la perte du trou.

RÈGLE 26.

Lorsqu'une balle est dans l'eau, un joueur peut la frapper pendant qu'elle est en mouvement sans encourir d'amende, mais il ne doit pas attendre pour jouer son coup, afin de laisser le vent ou le courant améliorer la position de la balle, sous peine de perdre le trou.

Balle en mouvement dans l'eau. (Ball moving in water.)

RÈGLE 27.

(1) Lorsqu'une balle repose, ou est perdue dans un hasard d'eau reconnu (que la balle repose ou non dans l'eau), ou qu'elle tombe dans de l'eau casuelle dans un hasard, le joueur peut faire tomber une balle avec l'amende d'un coup. Il peut la faire tomber soit en arrière du hasard en gardant l'endroit où la balle a traversé le bord du hasard entre lui et le trou vers lequel il joue, soit dans le hasard en gardant l'endroit où la balle est entrée dans l'eau entre lui et le trou.

Balle dans un hasard d'eau. (Ball in water hazard.) Balle dans de l'eau casuelle dans un hasard. (Ball in casual water in hazard.)

(2) Lorsqu'une balle repose, ou est perdue dans de l'eau casuelle à travers le parcours, *through the green*, le joueur peut faire tomber une balle, sans encourir d'amende, à deux longueurs maximum du bord, aussi près que possible de l'endroit où la balle était, mais pas plus près du trou.

Si en laissant tomber une balle elle roule dans l'eau, on peut la faire retomber sans encourir d'amende.

Balle dans de l'eau casuelle à travers le parcours. (Ball in casual water through the green.)

(3) *Lorsqu'une balle sur la pelouse du trou*, putting-green, *repose dans de l'eau casuelle ou lorsque de l'eau casuelle intervient entre une balle reposant sur la pelouse du trou et le trou, la balle peut être jouée dans cette position, ou elle peut être relevée sans amende et placée par la main, soit, dans l'espace de la longueur de deux clubs, directement derrière le point d'où elle a été soulevée, soit, dans la position la plus rapprochée de ce point, qui, quoique n'étant pas plus près du trou, permet de jouer sans passer par l'eau casuelle.*

Balle dans de l'eau casuelle sur la pelouse du trou. (Ball in casual water on the putting-green.)

(4) Lorsqu'une balle repose si près de l'eau casuelle que le joueur en est gêné pour prendre sa position, elle peut être considérée comme étant dans de l'eau casuelle et sera traitée comme il l'est dit dans les parties précédentes de cette règle.

Eau gênant la position du joueur. (Water interfering with stance.)

(5) Lorsque le manque d'espace nécessaire pour jouer, ou toute autre cause, fait qu'il est impossible au joueur de faire tomber sa balle conformément aux prescriptions du paragraphe (1) et (2) de cette règle, ou de la placer conformément au paragraphe (3), il fera tomber ou placera sa balle autant que possible dans les limites données dans ces règles, mais pas plus près du trou.

L'amende pour l'infraction à cette règle sera la perte du trou.

Manque d'espace pour tomber. (Want of space to drop.)

La Pelouse du Trou: " Putting-green. "

RÈGLE 28.

Soulèvement d'obstacles mobiles. *(Removal of loose impediments.)*

(1) Tout obstacle mobile peut être enlevé de la pelouse du trou, quelle que soit la position de la balle du joueur.

Lorsque la balle du joueur, étant sur la pelouse du trou, bouge après qu'un obstacle mobile, placé dans un rayon de 15 centimètres, a été touché par le joueur, son partenaire ou l'un ou l'autre de leurs caddies, le joueur est censé avoir fait bouger la balle et l'amende est d'un coup.

Enlèvement du crottin, etc. *(Removal of dung, etc.)*

(2) *Le crottin, les soulèvements de vers, la neige et la glace peuvent être effleurés de côté avec un club, mais le club ne doit pas appuyer sur le sol de plus que son propre poids ; de même, on ne doit pas aplatir quoi que ce soit, avec le club ou autrement.*

Il n'est pas permis d'effleurer avec la main.

Toucher la ligne du coup au trou. *(Touching line of putt.)*

(3) Le sol sur la ligne du trou ne doit pas être touché, excepté en plaçant le club immédiatement en avant de la balle pour l'adresser, ou dans les cas autorisés ci-dessus.

Toute infraction à cette règle entraînera la perte du trou.

RÈGLE 29.

Direction du coup au trou. *(Direction for putting.)*

(1) Lorsque la balle d'un joueur est sur la pelouse du trou, *putting-green*, son caddie, son partenaire ou le caddie de ce dernier peuvent, avant que le coup ne soit joué, lui indiquer une direction pour le coup au trou, *putt*, mais en faisant cela ils ne doivent pas toucher la terre sur la ligne proposée du coup. Aucune marque ne devra être faite sur une partie quelconque de la pelouse d'arrivée.

Protéger la balle de l'action du vent. *(Shielding ball from wind.)*

(2) Tout joueur ou caddie prenant part à la partie peut se tenir près du trou, mais ni l'un ni l'autre ne doit essayer d'influencer l'action du vent sur la balle, soit en bougeant, soit d'une autre manière.

Toutefois un joueur a toujours le droit, pendant qu'il joue son coup, d'envoyer son caddie se tenir près du trou.

L'un ou l'autre camp peut refuser de permettre à toute personne ne prenant pas part à la partie de se tenir près du trou.

L'amende pour l'infraction à cette règle sera la perte du trou.

RÈGLE 30.

La balle de l'adversaire doit être en repos. *(Opponent's ball to be at rest.)*

Quand la balle d'un joueur repose sur la pelouse du trou, *putting-green*, il ne doit pas jouer avant que la balle de son adversaire n'ait complétement cessé de bouger.

L'amende pour l'infraction à cette règle est la perte du trou.

RÈGLE 31.

Balles à moins de quinze centimètres l'une de l'autre. *(Ball within six inches lifted.)*

(1) Lorsque sur la pelouse du trou, *putting-green*, les balles reposent à moins de quinze centimètres l'une de l'autre (la distance étant mesurée de leurs points les plus rapprochés), la balle qui est la plus rapprochée du trou peut, au choix du joueur ou de son adversaire, être relevée jusqu'à ce que l'autre balle soit jouée, et la balle ainsi soulevée sera

replacée aussi près que possible de l'endroit où elle reposait. Si l'une ou l'autre des balles se trouve accidentellement bougée dans l'application de cette règle, il n'y aura pas d'amende, et la balle ainsi bougée sera remise à sa place.

(2) Lorsque sur la pelouse du trou, *putting-green*, un joueur joue quand c'est le tour de son adversaire, celui-ci peut de suite réclamer et la balle sera replacée où elle était.

Nota. — Pour une balle déplacée sur une pelouse du trou, *putting-green*, voir la Règle 17 (2) et (3). Pour le joueur jouant avec la balle de son adversaire sur la pelouse du trou, voir la Règle 20 (1). Pour l'eau casuelle sur la pelouse du trou, voir la Règle 27 (3).

Jeu hors de tour. (Playing out of turn.)

Eau casuelle. (Casual water.)

RÈGLE 32.

(1) Chaque camp a le droit de faire enlever le drapeau quand il approche du trou ; si la balle d'un joueur frappe la tige du drapeau lorsque celui-ci a été ainsi enlevé par le joueur lui-même, son partenaire, ou l'un ou l'autre de leurs caddies, son camp perdra le trou. Si la balle se tient contre la tige du drapeau quand celui-ci est dans le trou, le joueur a le droit d'enlever le drapeau et si, de ce fait, la balle tombe dans le trou, le joueur sera censé avoir logé sa balle dans le trou au coup précédent.

Enlèvement du poteau-drapeau. (Removal of flag stick.)

(2) Lorsque la balle d'un joueur fait tomber la balle de son adversaire dans le trou, cet adversaire sera censé avoir logé sa balle, *boled out*, au coup précédent.

Lorsque la balle d'un joueur fait bouger la balle de son adversaire, cet adversaire peut la replacer si cela lui plaît, mais il doit le faire avant qu'aucun autre coup ne soit joué par l'un ou l'autre camp. Quand la balle d'un joueur s'arrête à l'endroit où reposait la balle de son adversaire, et que cet adversaire désire replacer sa balle, le joueur doit le premier jouer un autre coup, après quoi l'adversaire replace sa balle et joue.

Déplacement et replacement des balles. (Displacing and replacing of balls.)

(3) Lorsqu'un joueur a mis sa balle dans le trou et que son adversaire, en jouant ensuite, joue sa balle jusqu'au bord du trou, le joueur ne doit pas repousser cette dernière, mais l'adversaire doit, si on le lui demande, jouer de suite le coup suivant.

Lorsque la balle de l'adversaire repose sur le bord du trou, le joueur peut, quand il a logé sa balle, *boled out*, repousser la balle de son adversaire et réclamer le trou s'ils sont à autant, *the like*, ou le partager s'il a logé sa balle en ayant un coup de plus, *the odd*, pourvu que la balle du joueur n'ait pas touché et mis en mouvement celle de son adversaire. Si le joueur néglige de repousser la balle de son adversaire et que celle-ci tombe dans le trou, cet adversaire sera censé l'y avoir logée, *boled out*, à son dernier coup.

Balle sur le bord du trou. (Ball on lip of hole.)

RÈGLE 33.

Lorsqu'un joueur a logé sa balle, *boled out*, et qu'il suffit à son adversaire d'y loger aussi la sienne en un coup pour qu'ils partagent le trou, aucune action du joueur ne peut le léser de cette moitié déjà acquise.

Amende de la perte du trou modifiée par moitié déjà acquise. (Penalty of loss of hole qualified by half previously gained.)

Amende générale.

RÈGLE 34.

Perte du trou.
(*Loss of the hole.*)

Quand aucune amende n'est stipulée pour l'infraction à une règle, l'amende sera la perte du trou.

Disputes.

RÈGLE 35.

Devoirs de l'arbitre.
(*Duties of umpire or referee.*)

Lorsqu'un arbitre est nommé, il doit prendre connaissance de toute infraction aux règles qu'il pourra observer, qu'on fasse appel à lui ou non.

RÈGLE 36.

Où et comment faire une réclamation.
(*Claims when and how made.*)

Lorsqu'une discussion s'élève sur un sujet quelconque, la réclamation doit être faite avant que les joueurs ne partent de l'endroit du départ, *teeing-ground*, suivant, ou bien, s'ils jouent le dernier trou, avant qu'ils n'aient quitté la pelouse du trou, *putting-green*.

Les joueurs ont le droit de choisir à qui il sera fait appel pour le cas contesté ; mais s'ils ne tombent pas d'accord, l'un ou l'autre camp peut faire appel au Comité des règles du Golf par l'entremise du secrétaire du club, et sa décision sera définitive.

Si le cas contesté n'est pas compris dans les règles du golf, les arbitres le décideront d'après l'équité.

Recommandations pour règles locales.

Conditions ou hasards spéciaux.
(*Special hazards or conditions.*)

On doit, lorsque cela est nécessaire. faire des règles locales pour des obstructions telles que : arbres, haies, sièges fixes, clôtures, portes, chemins de fer, murs ; ou pour des difficultés telles que : grattages de lapins, empreintes de sabots et autres détériorations du parcours, *course*, causées par des animaux ; ou pour l'état local du terrain tel que la boue, qui peut être considérée nuisible à la correction du jeu.

Balle soit tombée ou placée.
(*Ball when dropped when placed.*)

Lorsqu'une balle est relevée par application d'une règle locale, par exemple, quand on relève une balle reposant sur une pelouse du trou, *putting-green*, autre que celui vers lequel on joue, le Comité des règles du Golf recommande de faire tomber la balle, si elle doit être jouée à travers le parcours, *through the green*, et de la placer si elle doit être jouée sur la pelouse du trou, *putting-green*, même vers lequel on joue.

La forme et la façon des clubs de golf.

Aucune innovation importante dans la forme et la façon des clubs de golf n'est admise par le Comité des règles du Golf; ils doivent comprendre un manche, *shaft*, ordinaire et une tête, *head*, qui ne doit contenir aucun ressort ou détente mécanique.

Étiquette du golf.

Us et coutumes à observer rigoureusement au golf.

(1) Quand un joueur fait un coup, personne ne doit bouger, ou causer, ou se tenir près de la balle, ou en arrière du joueur.

Sur la pelouse du trou, *putting-green*, personne ne doit se tenir en arrière du trou, dans la ligne du joueur.

(2) Le joueur qui a l'honneur doit être libre de jouer avant que son adversaire ne place sa balle sur le *tee*.

(3) Aucun joueur ne doit partir du *tee* avant que les joueurs qui sont devant n'aient joué leurs seconds coups et ne soient hors d'atteinte ; de même, aucun joueur ne doit jouer vers la pelouse du trou, *putting-green*, avant que les joueurs qui sont devant n'aient logé leur balle, *holed out*, et ne se soient éloignés.

(4) Les joueurs qui ont logé leurs balles, *holed out*, ne doivent pas essayer de nouveaux coups, quand d'autres joueurs les suivent.

(5) Les joueurs qui cherchent une balle perdue doivent laisser passer les joueurs qui les rejoignent ; ils doivent faire un signal indiquant aux joueurs qui les suivent qu'ils peuvent les dépasser, et, ayant fait ce signal, ils ne doivent continuer leur jeu que lorsque ces joueurs sont passés et sont hors d'atteinte.

(6) Lorsque le gazon a été coupé ou déplacé par un joueur, les touffes de gazon doivent être immédiatement replacées et aplaties avec le pied.

(7) Un joueur doit soigneusement combler les trous qu'il a lui-même faits dans un *bunker*.

(8) Les joueurs doivent veiller à ce que leurs caddies n'abîment pas les trous en s'en tenant trop près lorsque le terrain est mou.

(9) Lorsqu'un joueur a encouru un coup d'amende, il doit en avertir son adversaire le plus tôt possible.

Règles Spéciales pour le jeu dans les concours par " trous. "

RÈGLE 1.

Sur la pelouse du trou, *putting-green*, lorsque le concurrent dont la balle est la plus rapprochée du trou joue le premier, sa balle doit être de suite replacée.

L'amende pour l'infraction à cette règle sera la disqualification des deux concurrents.

RÈGLE 2.

Un concurrent ne doit pas ne pas tenir compte d'une amende encourue par son adversaire ; il risque d'être disqualifié.

Règles spéciales pour le jeu dans les concours par « trous. » (*Special rules for match play competitions.*) Cette règle s'appelle : *Stymie rule.*

RÈGLE 3.

Les concurrents ne doivent pas s'entendre pour exclure l'exécution d'une règle du golf ou d'une règle locale, sous peine de disqualification.

Le Comité des règles du golf recommande aux joueurs de ne pas accorder des coups au trou, *putts*, à leurs adversaires.

Règles pour les parties à trois balles, de la meilleure balle et à quatre balles.

DÉFINITIONS.

Règles pour matches de : trois balles, la meilleure balle et quatre balles. (*Rules for three balls, best ball and four ball matches.*)

(1) C'est une partie à trois balles quand trois joueurs jouent l'un contre l'autre, chacun jouant sa propre balle.

(2) C'est une partie de la meilleure balle lorsqu'un joueur joue sa balle contre la meilleure balle (la balle qui arrive au trou dans le plus petit nombre de coups) de deux ou plusieurs joueurs.

(3) C'est une partie à quatre balles lorsque deux joueurs jouent leur meilleure balle contre la meilleure balle de deux autres joueurs.

Règles pour les parties à : trois balles, de la meilleure balle et à quatre balles. (*Rules for three balls, best ball and four ball matches.*)

Règles générales.

RÈGLE 1.

Un joueur peut faire relever ou jouer (au choix de son propriétaire) toute balle lorsqu'il estime qu'elle peut gêner ou aider un joueur ou un camp.

RÈGLE 2.

Lorsque la balle d'un joueur fait bouger toute autre balle dans la partie, la balle bougée doit être replacée aussi près que possible de l'endroit où elle était sans qu'il y ait amende.

RÈGLE 3.

En jouant à travers le parcours, *through the green*, lorsqu'un joueur joue quand c'était le tour de son adversaire, il n'aura pas d'amende et le coup n'est pas recommencé.

En jouant sur la pelouse du trou, *putting-green*, un adversaire peut demander que le coup soit recommencé, mais il n'y aura pas d'amende.

Partie à trois balles.

RÈGLE 4.

Dans une partie à trois balles, si en partant d'un départ, *teeing-ground*, aucun des trois joueurs n'a droit à l'honneur, l'ordre du jeu sera le même qu'au départ précédent.

RÈGLE 5.

Dans une partie à trois balles, lorsque la balle d'un joueur frappe, ou est arrêtée ou bougée par un adversaire ou son caddie ou ses clubs, cet adversaire perdra le trou envers le joueur propriétaire de la balle. En ce qui concerne l'autre adversaire, ce cas sera considéré comme étant un incident du jeu, *rub of the green.*

Parties de la meilleure balle et à quatre balles.

RÈGLE 6.

Les balles appartenant au même camp peuvent être jouées dans l'ordre qui semble préférable à ce camp.

RÈGLE 7.

Lorsque la balle d'un joueur frappe ou est arrêtée ou bougée par un adversaire, son caddie ou ses clubs, le camp de cet adversaire perdra le trou.

RÈGLE 8.

Lorsque la balle d'un joueur (ce joueur faisant partie d'un camp) frappe ou est arrêtée par lui-même, son partenaire, l'un ou l'autre de leurs caddies ou leurs clubs, ce joueur, seul, sera disqualifié par ce trou.

RÈGLE 9.

Lorsqu'un joueur joue un coup avec la balle de son partenaire et que l'erreur est découverte et déclarée au camp adversaire, avant qu'un adversaire n'ait joué un autre coup, le joueur sera disqualifié pour ce trou et son partenaire fera tomber une balle aussi près que possible de l'endroit d'où sa balle a été jouée et n'aura pas d'amende. Si l'erreur est découverte seulement après que l'adversaire a joué un coup, le camp du joueur perd le trou.

RÈGLE 10.

Dans tous les autres cas où, suivant les règles du golf, un joueur encourrait la perte du trou, il sera disqualifié pour ce trou, mais la disqualification ne s'appliquera pas à son partenaire.

Règles spéciales pour les Concours par coups.

Règles pour la conduite des Concours par Coups.

Le mot Comité employé dans ces règles signifie le comité qui est chargé du concours. Définition du Comité. (*Committee defined.*)

RÈGLE 1.

(1) Dans les concours par coups, le concurrent qui loge sa balle, *holes out,* **dans les trous du parcours stipulé dans le plus petit nombre de coups, sera le gagnant.** Le gagnant. (*The winner.*)

L'ordre du jeu.
(*Order of play*.)

(2) *Les concurrents joueront par couples ; si par une cause quelconque, il se trouve un concurrent seul, le comité doit, soit lui trouver un joueur, soit lui choisir un marqueur et lui permettre de jouer seul.*

L'ordre et les heures du départ doivent, quand cela est possible, être déterminés par le sort.

L'ordre du départ. (*Order of starting*.)

(3) Les concurrents doivent partir dans l'ordre dans lequel leurs noms sont inscrits sur la liste du départ.

L'honneur.
(*The honour*.)

Ensuite l'honneur est pris comme dans les parties par trous ; mais si, par erreur, un concurrent joue hors de son tour, aucune amende ne sera encourue et il ne pourra être forcé à recommencer le coup.

RÈGLE 2.

Le mauvais temps ne fera pas retarder ou cesser le jeu. (*Not to discontinue play in bad weather*.)

(1) Les concurrents doivent partir dans l'ordre et aux heures fixées par le comité. Ils ne discontinueront pas le jeu et ne retarderont pas leur départ à cause du mauvais temps ou pour toute autre raison, exception faite des raisons approuvées par le comité.

L'amende pour infraction à cette règle sera la disqualification.

Parcours impropre au jeu. (*Course unplayable*.)

(2) Lorsque le comité considère que le parcours est dans une condition impropre au jeu ou que le jour est insuffisant pour permettre de jouer correctement, il aura pouvoir, à tout moment, de déclarer le concours de la journée comme étant nul.

RÈGLE 3.

Égalité du nombre de coups ; comment et quand on en décide. (*Ties, how and when decided*.)

Lorsque le nombre minimum de coups a été obtenu par deux ou plusieurs joueurs, le concours sera décidé par un autre tour du parcours le même jour ; mais si le comité est d'avis que ceci est impossible ou incommode, il fixera un jour et une heure pour la terminaison décisive du concours.

Lorsqu'un nombre impair de concurrents finissent à égalité, leurs noms seront tirés au sort et inscrits sur une liste, ils joueront par couples dans l'ordre d'inscription sur la liste. Le comité fera pour le concurrent qui reste seul comme il est dit suivant les prescriptions de la règle 1 (2), ou bien il permettra à trois concurrents de jouer ensemble si leur consentement unanime a été obtenu.

RÈGLE 4.

Nouveaux trous.
(*New holes*.)

(1) On doit faire de nouveaux trous le jour où commencent des concours par coups.

S'exercer le jour du concours. (*Practice on day of competition*.)

(2) Le jour d'un concours, avant le départ, aucun concurrent ne devra jouer sur ou vers aucune des pelouses du trou, *putting-greens*, et il ne devra pas intentionnellement jouer vers un trou du parcours stipulé qui se trouve à sa portée, sous peine de disqualification.

RÈGLE 5.

Compte des coups ; comment le tenir. (*The scores, how kept*.)

(1) Le compte des coups pour chaque trou sera tenu par un marqueur ou bien par chaque concurrent qui devra tenir le compte de l'autre. Quand plusieurs marqueurs tiennent un même compte, chacun signera la partie pour laquelle il est responsable. Les résultats doivent être énoncés après chaque trou. A la fin du parcours stipulé, la carte sera

signée par la personne qui l'a marquée et le concurrent devra s'assurer qu'elle est remise au comité aussitôt qu'il est raisonnablement possible. Toute infraction à cette règle sera punie de disqualification.

Des cartes de résultats doivent être fournies, sur lesquelles seront inscrits la date et le nom du joueur.

(2) Les concurrents doivent eux-mêmes s'assurer que le compte pour chaque trou est correctement inscrit sur leur carte avant qu'elle ne parvienne au comité ; aucune rectification ne pouvant être faite ensuite. S'il est constaté qu'un concurrent a déclaré un nombre inférieur de coups à celui qu'il a joués, il sera disqualifié.

Le comité est responsable pour l'addition des résultats inscrits.

(3) *Si, lorsque le parcours stipulé est achevé, un joueur est incertain d'avoir oui ou non encouru une amende à un trou quelconque, il peut joindre à sa carte une description écrite des circonstances et l'envoyer au comité qui décidera quelle amende a été méritée, s'il y a lieu.*

Inscription et addition des coups. (*The marking and addition of scores.*)

Le Comité décide les amendes douteuses. (*Committee to decide doubtful penalties.*)

Règles du jeu dans les Concours par coups.

RÈGLE 6.

Un concurrent ne doit pas demander de conseil, ni en recevoir volontairement d'aucune personne, sauf de son caddie.

L'amende pour infraction à cette règle est la disqualification.

Conseil. (*Advice.*)

RÈGLE 7.

Lorsqu'en partant pour un des trous un concurrent joue son premier coup en dehors des limites de l'endroit du départ, teeing-ground, il comptera ce coup, tassera une balle, tee a ball, et jouera son second coup dans les limites de l'endroit du départ.

L'amende pour infraction à cette règle est la disqualification.

Jeu en dehors des limites de l'endroit du départ. (*Playing outside limits of teeing-ground.*)

RÈGLE 8.

(1) Un concurrent doit mettre sa propre balle dans le trou, à chaque trou. L'amende pour infraction à cette règle est la disqualification.

(2) *Lorsqu'un concurrent joue un coup avec une balle autre que la sienne, il n'encourt pas d'amende pourvu qu'il joue ensuite sa propre balle ; mais il sera disqualifié s'il joue deux coups consécutifs avec une balle autre que la sienne.*

(3) *Dans un hasard, lorsqu'un concurrent joue plus d'un coup avec une balle autre que la sienne, et que l'erreur est reconnue avant qu'il n'ait joué un coup avec cette balle en dehors des limites du hasard, il n'encourra pas d'amende pourvu qu'il joue alors sa propre balle.*

L'amende pour infraction à cette règle est la disqualification.

Mettre sa propre balle dans le trou. (*Must hole out with own ball.*)

Deux coups consécutifs avec une balle autre que la sienne. (*Playing two consecutive strokes with wrong ball.*)

Exception dans les hasards. (*Exception in hazards.*)

RÈGLE 9.

Balle frappant le joueur.
(Ball striking the player.)

Lorsque la balle d'un concurrent le frappe lui-même, ou son caddie ou ses clubs, ou bien est arrêtée par eux, l'amende sera d'un coup, excepté comme il est prévu dans la règle 13 (1) des concours par coups.

RÈGLE 10.

Balle frappant un autre concurrent ou étant bougée par lui.
(Ball striking or moved by another competitor.)

(1) Lorsque la balle d'un concurrent est arrêtée par un autre concurrent, par son caddie ou ses clubs, ou frappe l'un d'eux, c'est un accident du jeu, *rub of the green*, et la balle sera jouée là où elle repose, excepté comme il est prévu dans la Règle 13 (1) des concours par coups. Lorsque la balle d'un concurrent étant en repos est accidentellement bougée par un autre concurrent, son caddie, ses clubs ou sa balle, ou par toute autre influence extérieure (exception faite du vent), elle sera replacée aussi près que possible de l'endroit où elle reposait.

L'amende pour infraction à cette règle est la disqualification.

(2) Un concurrent peut faire relever ou jouer, au choix de son propriétaire, toute balle qu'il estime pouvoir gêner son coup.

On peut faire relever la balle d'un concurrent. *(Allowed to lift another competitor's ball.)*
On peut relever une balle en s'imposant une amende de deux coups. *(Lifting ball under two-strokes penalty.)*
On peut relever la balle pour l'identifier. *(Lifting for identification.)*

RÈGLE 11.

(1) On peut relever une balle de tout endroit du parcours en acceptant l'amende de deux coups. Une balle ainsi relevée doit être tassée, *teed*, et jouée en arrière de l'endroit où elle reposait ; si ceci est impossible, elle sera tassée, *teed*, et jouée aussi près que possible de l'endroit où elle reposait, mais pas plus près du trou.

En préparant un tas, *tee*, ainsi autorisé, le joueur est exempté des restrictions imposées par la règle 15.

L'amende pour infraction à cette règle, partie (1) ci-dessus, est la disqualification.

(2) Pour la nécessité d'identification, un concurrent peut, à n'importe quel moment, relever et soigneusement replacer sa balle en présence du joueur avec lequel il joue dans le concours.

L'amende pour infraction à cette règle (partie 2) est d'un coup.

RÈGLE 12.

Balle perdue.
(Ball lost.)

Lorsqu'une balle est perdue, *lost* (sauf dans l'eau, dans l'eau casuelle ou hors limites), le concurrent devra, soit qu'il ait joué à travers le parcours, *through the green*, soit dans un hasard, retourner aussi près que possible de l'endroit où la balle a été frappée et y tasser une balle, *tee a ball*, avec l'amende d'un coup.

Dans l'application de cette règle, une balle sera considérée comme perdue, *lost*, seulement lorsqu'elle n'aura pas été retrouvée après cinq minutes de recherches.

RÈGLE 13.

(1) Lorsque la balle d'un concurrent repose dans un rayon de 18 mètres du trou et qu'étant ensuite jouée elle frappe la tige du drapeau ou la personne se tenant près du trou l'amende, sera de deux coups.

Jeu à une distance inférieure à 18 mètres du trou.
(*Play within 20 yards of hole.*)
Balle frappant le poteau-drapeau, etc. (*Ball striking flag post, etc.*)

(2) Lorsque les deux balles sont sur la pelouse du trou, *putting-green*, et que la balle du concurrent frappe la balle de son adversaire, le concurrent encourra une amende d'un coup et la balle devra être immédiatement replacée. Voir règle 10(1) des concours par coups.

Balle frappant celle de l'adversaire. (*Ball striking fellow competitor's ball.*)

(3) Le concurrent dont la balle est la plus éloignée du trou peut faire jouer ou relever, au choix de son propriétaire, la balle qui se trouve le plus près du trou. Si ce dernier refuse de se conformer à cette règle, quand on le lui demande, il sera disqualifié.

Balle la plus proche du trou peut être relevée. (*Nearer ball may be lifted.*)

(4) Lorsque le concurrent dont la balle est la plus rapprochée du trou juge que celle-ci peut aider son adversaire, il doit la relever ou bien jouer en premier.

Balle la plus proche du trou pouvant aider l'adversaire. (*Ball nearer hole of assistance to player.*)

(5) Lorsque le concurrent dont la balle est la plus rapprochée du trou relève sa balle lorsque la balle de son adversaire est en mouvement, il encourra une amende d'un coup.

Relever une balle lorsque l'autre est en mouvement. (*Ball lifted when player's ball is in motion.*)

(6) Lorsqu'un concurrent ou son caddie relève sa balle de la pelouse du trou, *putting-green*, avant qu'elle ne soit logée dans le trou, *holed out* (exception faite des cas prévus plus haut), il aura la faculté de la replacer en encourant une amende de deux coups, pourvu qu'il le fasse avant d'avoir joué son coup au départ du tas, *tee*, suivant, ou, s'il est au dernier trou, avant qu'il n'ait quitté la pelouse du trou, *putting-green*.

Balle relevée avant d'avoir été mise dans le trou. (*Ball lifted before holed out.*)

RÈGLE 14.

Là où, dans les règles du golf, l'amende pour l'infraction à toute règle est la perte du trou, dans les concours par coups l'amende sera de deux coups, excepté où il est autrement prévu dans les règles spéciales.

Amende générale. (*General penalty.*)

RÈGLE 15.

Les règles du Golf s'appliqueront au concours par coups là où elles ne sont pas en désaccord avec les règles spéciales.

Règle générale. (*General rule.*)

RÈGLE 16.

Lorsqu'une discussion s'élève sur un point quelconque, elle sera jugée par le Comité, dont la décision sera absolue, à moins que l'on ne fasse appel au Comité des règles du Golf, comme il est prévu dans la règle 36.

Contestations ; manière de les régler. (*Disputes ; how decided.*)

INDEX DES RÈGLES

Dans les listes des Membres des Golfs de Chantilly, Compiègne, Le Touquet, Pau, les numéros qui figurent à la droite des noms expriment les handicaps.

LISTE DES MEMBRES

Principaux Clubs français de Golf

SOCIÉTÉ DE LA BOULIE (Golf de Paris).

COMITÉ

Présidents d'honneur :

S. A. I. MGR LE GRAND-DUC CYRILLE.

S. A. I. MGR LE GRAND-DUC MICHEL MICHAILOWITCH.

S. EXC. M. E. HERRICK, AMBASSADEUR DES ETATS-UNIS.

Vice-Présidents d'honneur :

LORD NORTHCLIFFE.

Comte J. DE POURTALÈS.

JAMES C. PARRISH.

DESCHAMPS (P.), *Président.*

VAGLIANO (M.), *Administrateur.*

BERGEN (H. A. VAN), *Administrateur.*

HOTTINGUER (P.), *Vice-Président.*

DIAZ-ALBERTINI (L.), *Administrateur.*

BÉECHE (H.).
BELLET (Baron J. DE).
GORDON-BENNETT (J.).
CACHARD (H.).
CANDAMO (C. DE).
CANDAMO (G. DE).
CHAMPION (E.).
DEUTSCH DE LA MEURTHE (E.).

DELAUNAY-BELLEVILLE (P.).
CLAY FRICK (H.).
FROMENT-MEURICE (F.).
GUICHE (Duc DE).
HAMOIR (R.).
HARPER (D.).
KNYFF (Chevalier R. DE).

DURYEA (H. B.).
LEJEUNE (Baron).
PELLERIN (A.).
RINKHUYZEN (VAN).
UZÈS (Duc D').
VOGUÉ (Comte R. DE).
VAGLIANO (A. C.).
VAGLIANO (M. A.).
VANDERBILT (W. K.).

Liste des Membres.

S. A. R. Mgr LE PRINCE DE GALLES.
S. A. I. LE GRAND-DUC CYRILLE.
S. A. I. Mme LA GRANDE DUCHESSE CYRILLE.
S. A. I. LE GRAND-DUC BORIS.

S. A. I. LE GRAND-DUC MICHEL MICHAILOWITCH.
S. A. R. Mme LA DUCHESSE DE SUDERMANIE.

S. A. MGR LE PRINCE IBRAHIM HILMY.
S. A. MGR LE PRINCE DJEMIL TOUSSOUN.
S. A. MGR LE PRINCE AHMED FOUAD.

ABBADIE D'ARRAST (D').
ABBADIE D'ARRAST (A. D').
ABBATUCCI (Comte).
AJDEROL-NANOVEANO (C.).
ALEXANDER (A.).
ALLEZ (E.).
ALLEZ (Mme E.).
ALLEZ (L.).
ALVEAR (Fr. DE).
AMOR (P.).
AMRINGE (Mme VAN G.).
ANCHORENA (M. DE).
ANCHORENA (T. DE).
ANEMA (R.).
ANNENKOFF (Mme D').
ANFRIE (J.).
ARAGO (F.).
ARAGO (Mme F.).
ARMAND-DELILLE (P.).
ARNAVON (J.).
ARNAVON (Mme J.).
ARNOUX (Comte D').
ARNOUX (Comtesse D').
AUBARET (Comtesse).
AUDRA (E.).
AUFFM ORDT (C.).
AUFFM ORDT (Mme).
AUMONT (Le Dr F.).
AUMONT (Mme F.).
AURIOL (M.).
AVOGLI-TROTTI (Comte).
ASTIER DE LA VIGERIE.
ARTHUS (H·).
ARMSTRONG (G.-M.).
ARMSTRONG (Mme).

BACHE (J.-S.).
BACON (Mme).
BAEYENS (Baronne).
BALBIANI (R.).
BALBIANI (Comte R.).
BARBIER (C.).
BARDAC (N.).
BARDAC (Mme N.).
BARDAC (H.).
BARDAC (J.).
BARDAC (Mlles).
BARRE (C.).
BARRE (H.).
BATEMAN (Lord).
BARTON (Mme F.).
BARY (Th. DE).
BARY (Mme DE).
BASCOU (O.).
BAULNY (Baron DE).
BAUMANN (L.).

BAUMANN (Mme L.).
BAUME-PLUVINEL (Marquis DE LA).
BAXTER-TEVIS (Mme).
BEAUCHAMP (Comtesse DE).
BEAUMONT (Marquis de).
BEAUVAU (Prince DE).
BEECHE (H.).
BEHRENS (W.).
BELLANGER (R.).
BELLET (Baron J. de).
BELLET (Baron F. de).
BELLET (Mlle DE).
BÉNARD (G.).
BENJAMIN (Miss L.).
BENNETT (J. G.).
BÉRARD (Mme P.).
BÉRARD (P.).
BÉRARD (R.).
BERCKHEIM (Général baron DE).
BERCKHEIM (Baronne DE).
BERCKHEIM (Baron T. DE).
BERG (L.-S.).
BERG (Hart O.).
BERGNER (M.).
BERGNER (Mme M.).
BERNARD DE MEURIN (Vicomte C.).
BERNARD (F.).
BERNARD (Mme F.).
BERNARD (Mme L.).
BERNARD DE LA FOSSE (Comte DE).
BERRY (W.-V.-R.).
BERTAUX (G.).
BERTIN (R.).
BERTIN (Mme R.).
BETHMONT (R.).
BIGNON (P.).
BIGNON (Mme P.).
BLED (T. DU).
BLISS (R. W.).
BLOCQ (Mme L.).
BLUM (F.).
BLUM (Mme F.).
BLUMENTHAL (W.).
BLUMENTHAL (Mme W.).
BLUMENTHAL (J.).
BLUMENTHAL (C.).
BOAS (Mlle S.).
BOAS (R.).
BOAS (R.).

BONNEAU (E.).
BOURG DE BOZAS (Comte DU).
BOURG DE BOZAS (Comtesse DU).
BOURDET (E.).
BOUVARD (R.).
BOUVARD (Mme R.).
BOUWENS (L.).
BOUWENS (Mme L.).
BOUWENS VAN DER BOIJEN (R.).
BOUWENS VAN DER BOIJEN (Mme R.).
BOWERS (W.-C.).
BRANCOVAN (Prince).
BRATHWAITE (F. C.).
BRATHWAITE (Mme F.-C.).
BRÉMOND (Mme P. DE).
BRÉTON (G.).
BRÉTON (Mme G.).
BRINCOURT (H.-L.).
BRINQUANT (Mme R.).
BRISSON (J.).
BRISSON (Mme J.).
BROCHETON (G.).
BROGLIE (La Princesse A. DE).
BROOKE (J.-H.).
BRUNETTA D'USSEAUX (Comte E.).
BRYCE (Mme DE).
BUCKNER (W.).
BURCHARD (Mme).
BARADÈRE DE BÉJAR (Mlle H.).
BASSIANO (Princesse DE).
BERGEN (H. A. VAN).
BERGEN (H. A. VAN).
BONNET (G.-E.).

CABARRUS (L.).
CABROL (Mlle DE).
CACHARD (H.).
CAHEN D'ANVERS (C.).
CAHEN D'ANVERS (R.).
CAHEN D'ANVERS (Mme R.).
CALAMEL (L.).
CALMANN-LÉVY (G.).
CALMANN-LÉVY (Mme G.).
CAMASTRA (Duchesse DE).

CANDAMO (G. DE).
CANDAMO (C. DE).
CANDAMO (G. DE).
CAPDEVILLE (P.).
CAROLAN (F.).
CARON (A.).
CARROLL (C.).
CARSTAIRS (Ch.-S.).
CARTAGENA (Comte DE).
CARY (H.-W.).
CARY (Mme H.-W.).
CASAFUERTE (Marquis DE).
CASENAVE (C.).
CASENAVE (Mlle M.-L.).
CASTÉJA (Comte F. DE).
CASTÉJA (Comtesse F. de).
CASTÉJA (Comte E. DE).
CASTLES (B. S.).
CASTRO GUIMARAÈS (Comte DE).
CAUMONT LA FORCE (Comte DE).
CERJAT (C. DE).
CERJAT (Mme C. DE).
CHAMPION (E.).
CHAPELLE (Comte DE LA).
CHARNACÉ (C.-G. DE).
CHEVIGNÉ (Comte DE).
CHRISTIE (J.-R.).
CHURCH (H.).
CHURCH (Mme H.).
CIMERA (Comte DE).
CLARENCE JONES (E.).
CLARK (W.).
CLARK (A.).
COCHRANE.
COCTEAU (P.).
COEDESTROIN (Baron DE).
COLAÇO-OSORIO (Mme D.).
COLLIN DU BOCAGE (Mme)
COLOMBIER (E.).
COLOMBIER (P.).
CONSTANTINOVITCH (DE)
CONSTANTINOVITCH (Mme DE).
CONTADES (Comte G. DE).
CONTANT (J.).
CONTANT (P.).
CONTANT (Mme P.).
COREY (W.-E.).
CORRARD (P.).
CORRARD (Mlle M.-P.).
COURTOIS DE MALLEVILLE (P.).
COURTOIS DE MALLEVILLE (Mme Ph.).

CRISENOY (Comte DE).
CROCKER (A.).
CROCKER (Mme A.).
CROISSET (F. DE).
CROISSET (Mme F. DE).
CRUSE (P.).
CRUSE (Mme P.).
CURTIS (Mme R.-W.).
CAPEL (Mlle H.).
CHANCE (P.).

DAIN (H.).
DAVENPORT (W.-S.).
DELARUE (J.).
DELAUNAY-BELLEVILLE (P.).
DELAUNAY-BELLEVILLE (R.).
DELAUNAY-BELLEVILLE (Mme P.).
DÉLICOURT (Mme M.).
DÉLIZY (M.-H.).
DÉLIZY (Mme H.).
DELORME (P.).
DELORME (Mme P.).
DEMARIA (Mme L.).
DERNIS (L.).
DERNIS (Mme L.).
DERWIES (S. VON).
DERODE (E.).
DERODE (L.-A.).
DESCAMPS (J.).
DESCHAMPS (P.).
DESCHAMPS (Mme).
DESCHAMPS (G.).
DESMARAIS (L.).
DESMARAIS (Mme L.).
DESMARAIS (P.).
DESMARAIS (Mme P.).
DESOUCHES (B.).
DESOUCHES (Mme B.).
DESPATYS (Baron P.).
DESPATYS (Baronne P.).
DEUTSCH DE LA MEURTHE (E.).
DEUTSCH DE LA MEURTHE (Mlle S.).
DIAZ-ALBERTINI (L.).
DIAZ-ALBERTINI (Mme L.).
DICKERSON (E.-N.).
DIDIER (Mlle H.).
DIDIER (Mlle L.).
DIETRICH (Baron A. DE).
DIETRICH (Baronne A. DE).

DITTE (F.).
DITTE (J.).
DOUGLAS (W. J.).
DOUVILLE-MAILLEFEU (Comte DE).
DOUVILLE-MAILLEFEU (Vicomte DE).
DOUVILLE-MAILLEFEU (Vicomtesse DE).
DOWNE (H.-S.).
DOYÉ (H.-F.).
DRAKE (F.-E.).
DREXEL (A.).
DREYFUS (F.).
DREYFUS (Mme F.).
DROSSO (C.).
DROUSSANT (Mlle S.).
DUBOST (R.).
DUBOST (Mme R.).
DUBSKY (H.).
DULAC (H.).
DUCANSON (P.).
DURYEA (H. B.).
DURYEA (Mme H. B.).
DEMIDOFF (Prince et Princesse E.).
DENÈGRE (W.).
DUVERNOY (J.).

EDDY (Le colonel R.-A.)
EDDY (Mme R. A.).
EDDY SPENCER.
EDDY SPENCER (Mme).
EHRENBERG (Mme A.).
EICHTAL (Baronne d').
ELISSEIEFF (S. Exc. E. DE).
EPHRUSSI (Mme M.).
ERLANGER (Baron E. d').
ESMOND (E.).
ESMOND (Mme E.).
ESPIERRE (Comte G. Ed.).
ESTIENNE D'ORVES (Comte D').

FASQUELLE (Mme E.).
FATZER (P. F.).
FAUCHIER-DELAVIGNE.
FAURE (M.).
FAURE Mme (J.).
FAURE-BEAULIEU (Mme R.).
FELDER (T.).
FELDER (Mme T.).

FERAY (J.).
FERAY (Mme J.).
FLEURIAU (Mme DE).
FONTAINE (R.).
FORBES (J. G.).
FORBES (R. V.).
FORBES (Mme R. V.).
FOULD (R.).
FOULD (Mme R.).
FOULD (Mme A.).
FOULD-SPRINGER (Baron).
FOUQUIÈRES (P. DE).
FREEDERICKZ (Baron A. DE).
FREEDERICKZ (Baronne A. de).
FRICK (H. C.).
FROMENT-MEURICE (F.)
FROMENT-MEURICE (Mme F.).
FUERTH (O. H.).
FULDA (F.).
FULDA (Mme F.).
FURLAUD (L.).
FURLAUD (M.).
FUSSIEN (Mme L.).
FITHIAN (B.).
FUENTE (Marquis DE).

GAIGNAISON (A.).
GALTIER (J.).
GANAY (H. DE).
GANDERAX (Mlle M.).
GANS (H.).
GARDINER (Mme N.-H.).
GARMENDIA (B. S. DE).
GARMENDIA (Mme B. S. DE).
GASKIN (A.-J.).
GAVITO (F.).
GAVITO (L.).
GENTIEN (Mme).
GETTING (Mme M.).
GETTY (H.-H.).
GETTY (Miss A.).
GILLOU (Mme P.).
GIROD (P.).
GIROD (Mme P.).
GIROT (C.).
GLADWIN (J.-L.).
GLAENZER (F.-F.).
GOELET (R. V.).
GOLDSCHMIDT (P.).
GOLDSCHMIDT (G.).
GOLDSCHMIDT (Mme G.).
GOLDSCHMIDT (H.).

GOLDSCHMIDT (Mme H.).
GOLDSMITH (N.).
GONTAUT-BIRON (Comte A. DE).
GONTAUT-BIRON (Mlle T. DE).
GORDON (C.).
GOULDEN (P.).
GOULDEN (Mme P.).
GOURGAUD (Baron N.).
GOURNAY (J. DE).
GOURY DU ROSLAN (L.).
GOURY DU ROSLAN (Mme L.).
GRAMONT (Comte L.-R. DE).
GRANARD (Lord).
GRANARD (Lady).
GRANDMAISON (H. DE).
GRANVILLE (Comte).
GRANVILLE (Comtesse).
GRAVES (A.-B.).
GRAVES (Mme A.-B.).
GRAVES (W.-L.).
GRAVES (Mme W.-L.).
GRAY (C.-H.).
GRAY (Mme C.-H.).
GRAY (W.-F.-H.).
GRAY (F.-S.).
GRAY (Mme F.-S.).
GREENWAY (H.-E.).
GREENWAY (Mme H.-E.)
GRIOLET (M.).
GRIOLET (Mme M.).
GROUVEL (Vicomte).
GUICHE (Duc DE).
GUESDE (P.).
GUESDE (Mme P.).
GUIARD (M.).
GULBENKIAN (Mme N.).
GUNZBURG (Baron J. DE).
GUNZBURG (Baronne J. DE).
GUNZBURG (Baron P. DE).
GUNZBURG (Baronne P. DE).
GUNZBURG (Baron W. DE).
GUNZBURG (Baronne W. DE).
GUNZBURG (Baron R. DE).
GUNZBURG (Baronne R. DE).

GUNZBURG (Baron J. DE).
GUNZBURG (Baron A. DE).
GUTMANN (Mlle).
GILBERT (R.).
GRAHAME (G.).
GRAYSON (C.).

HAAS (L.).
HAAS (Mme L.).
HABBERS (E.).
HACHETTE (J.).
HACHETTE (Mme A.).
HALLY-SMITH (D.).
HALPHEN (Mme E.).
HALPHEN (Mlle A.).
HAMOIR (R.).
HARDY (W.-B.).
HARDY (Mme W.-B.).
HARJÈS (H.).
HARPER (D.).
HARPER (Mme D.).
HATMAKER (J.-R.).
HAVEMEYER (F.).
HAYES (G.-B.).
HEATH (G.).
HEICH (E.).
HEICH (Mme E.).
HEIDELBACH (A.-S.).
HEILBRONN (E.).
HEILBRONN (Mme E.).
HEILBRONN (Mlle M.).
HEINE-GELDERN (Baron H.).
HEINE-GELDERN (Baronne H.).
HELLMANN (Mme).
HELY D'OISSEL (P.).
HEMERT (P. VON).
HEMERT (Mme P. VON).
HENNESSY (R.).
HENON (G.).
HENRI-ROBERT.
HERMANN (P.).
HERMANN (Mme P.).
HERRICK (S. Ex. M. T.).
HERSENT (G.).
HERZ (B.).
HERZ (Mme B.).
HEUCQUEVILLE (Comtesse D').
HILL (A.).
HILLES (W. S.).
HILLES (Mme W. S.).
HIRSCH (L.).

HIRSCH (Mme L.).
HIGHTCOCH (F. R.).
HOCQUART DE TURTOT (Comte A.).
HOFFMAN (Mme).
HOLDEN (W. B.).
HOLLINGSWORTH (W. T. P.).
HOOD (R. P.).
HORTELOUP (M.).
HOSTETTER (Miss G.).
HOTTINGUER (P.).
HOUNSFIELD (A. G.).
HOUNSFIELD (Mlle A.).
HOUNSFIELD (Mlle E.).
HUERTA (R. DE LA).
HUFFER (L.).
HUILLIER (G.).
HUNI (E.-R.).
HUNSIKER (Colonel M.).
HUNTINGTON (Mme P.).
HARRIMAN (I. L.).
HEEREN (A. DE).
HEEREN (P. DE).
HEEREN (Mme P. DE).

ICKELHEIMER (H. R.).
ING (G. A.).

JACKSON (F.-A.).
JALLU (O.).
JAMES BEY (Mme).
JAPY DE BEAUCOURT (Mme H.).
JAUBERT (I.).
JAUCOURT (Marquis DE).
JENNINGS (A.-G.).
JIMENEZ DE MOLINA (Comte DE).
JIMENEZ DE MOLINA (Comtesse DE).
JOHNSON (C.).
JONGE (S. DE).
JOUARRE (L.).
JOUARRE (Mme L.).
JOUVENEL (Mme DE).
JULLIANS (Mme DE).

KAHN (H.).
KAHN (Mme H.).
KANN (E.-G.).
KAHN (O.-H.).
KAHN (Mme O.-H.).
KARA GEORGEVITCH (Princesse).
KAYSER (M.).

KECK (T.-A.).
KEMP (A.).
KERGORLAY (Comte DE).
KIEFE (Mlle S.).
KINGSLAND (H.).
KINGSLAND (G.-L.).
KIPPING (G.-H.).
KLAPKA (G. DE).
KNOELDER (R.-F.).
KNYFF (Chevalier R. DE).
KŒCHLIN (I.).
KŒCHLIN (Mme I.).
KŒNIGSWARTER (L.).
KŒNIGSWARTER (Mme L.).
KOHN (G.).
KOHN (Mme G.).
KRAFFT (H.).
KURZ (A.).
KURZ (Mme A.).

LABOURET (M.).
LABOURET (Mme M.).
LA CAZE (Baronne).
LAFITTE (P.).
LAFITTE (Mme P.).
LAFONT (Mlle C. DE).
LA MONTAGNE (H.).
LA MONTAGNE (Mme H.).
LANGE (O.).
LANGE (M.).
LANGLOIS DE NEUVILLE (M.).
LANGTON (Capit.).
LANTZ (E.).
LAPEYRÈRE (L.).
LARÉGNÈRE (G.).
LARIVIÈRE (Mme M.).
LAS CASES (Comte L. DE).
LAURISTON - BOUBERS (O. DE).
LAVAURS (Vicomte).
LAVEINE (Mme L.).
LAVEISSIÈRE (L.).
LAVEISSIÈRE (Mme L.).
LAWRENCE-GREEN (W.)
LAZARD (A.).
LEBAUDY (P.).
LEBAUDY (P.).
LE BLAN (G.).
LECOMTE (Mme M.).
LEDERLIN (Mme A.).
LEGRAND (A.).
LEGRAND (C.).

LEGRAND (J.).
LEGRAND (Mme J.).
LEHIDEUX (A.).
LEHIDEUX (Mme A.).
LEHIDEUX (J.).
LEHR (H.-S.).
LEHR (Mme H.-S.).
LEJEUNE (Baron).
LELOIR (A.-E.).
LEMOINE (L.).
LEMOINE (Mme L.).
LÉO (G.).
LÉO (Mme G.).
LÉO (P.).
LEONINO (Mlle M.).
LEONINO (Mlle A.).
LEPERRIER (J.).
LESTRANGE (Baron DE).
LESTRANGE (Vicomte L. DE).
LETELLIER (H.).
LETELLIER (Mme).
LEULLIER (A.).
LEVAINVILLE (R.).
LÉVIS-MIREPOIX (Vicomte DE).
LILLAZ (P.).
LILLAZ (Mme P.).
LILLAZ (H.).
LILLAZ (Mme H.).
LINDENBAUM (A.).
LINES (E.-H.).
LOEWENSTEIN (V.).
LORTET-RIGOTTIER (Mme).
LOUVENCOURT (Comte R. DE).
LOYNES (Mlle F. DE).
LOYSEL (R.).
LUC (A.).
LUC (Mme A.).
LUC (Mlle M.).
LUC (Mlle S.).
LULING (A.).
LUMSDEN (A.-E.).
LUMSDEN (Mme A.).
LUZARRAGA (E. DE).
LYROT (Vicomte H. DE).
LEISHMANN (J.).

MACBETH (A.).
MACKIE (W.).
MACOMBER (A.-K.).
MACOMBER (Mme A.-K.).
MADERO (C.-M.).
MALLET (Mlle A.).

MALLET (E.).
MALLET (Mme E.).
MALLET (R.).
MALLET (Mme R.).
MALLET (G.).
MALLET (Mme G.).
MALLET (J.).
MALLET (Mme E.).
MALLET (Mme T.).
MANDROT (P.-G. DE).
MANEUVRIER (E.).
MANEUVRIER (Mme E.).
MANNING (J.-J.).
MANTACHEFF (J. DE).
MARCHAL (C.).
MARCHAND (L.).
MARCHAL (Mme E.).
MARCHAND (L.).
MARCHAND (Mme L.).
MARCHENA (Comte A. DE).
MARCHENA (Comtesse DE).
MARCKE DE LUMMEN (VAN).
MARLIO (L.).
MARLIO (Mme L.).
MAROZEAU (G.).
MARSAY (Comte J. DE).
MARTEL (Vicomte T. DE).
MARTELL (Mme Ed.).
MARTIN DU NORD (Comte).
MASON (F.-H.).
MASSA (Duc DE).
MASSA (Comte J. DE).
MATTOS-VIEIRA (Baronne DE).
MAUGHAM (C.-O.).
MAUGHAM (Mme C.-O.).
MAURIGI (Comtesse).
MAYEN (P.).
MEAD (L.-E.-C.).
MELLON (E.-P.).
MEYER-BOREL (C.-A.).
MEYER-BOREL (Mme C.-A.).
MEYER (Mme A.).
MIGNON (F.).
MILL (L.).
MILLS (O.).
MOLEUX (P.).
MONAHAN (F.-W.).
MONNIER (L.).
MONTEFIORE (R.).
MONTEFIORE (Mme R.).
MOORE (C.-M.).
MOREAU (J.).
MOYSE (P.).

MOYSE (Mme P.).
MURPHY (S.-G.).
MURPHY (Mme S.-G.).
MURRAY OF ELIBANK Lord).
MYERS (H.-E.).
MYGATT (A.).
MYGATT (Mme A.).
MAC-LAC (Mlle J.).
MARET (Baron G. DE).
MARTEL (Vicomte et vicomtesse D. DE).
MINTURN (H.).
MOUKBIL (Bey M.).

NEUFLIZE (Baron A. DE).
NEY (Duc d'Elchingen).
NŒTZLIN (Mme).
NORTHCLIFFE (Lord).

OPPENHEIM (R.).
OPPENHEIM (Mme A.).
ORLOFF (Prince).
OROSD (Baron de Boï d').
OROSD (Baronne de Boï d').
OROSDI (E.).
OSTHEIMER (G.-R.).
OTIS (F.-J.).
OULMAN (A.).
OWEN (R.).
OWEN (Mme R.).
OUTREY (F.).

PACHECO (A.).
PARK (S.).
PARK (Mme S.).
PARRISH (J.-C.).
PARRISH (J.-C. junior).
PATTERSON (F.).
PASTEUR (C.).
PASTEUR (Mme C.).
PAYNE (W.-H.).
PEARTREE (H.).
PEIRCE (C.).
PELLERIN (A.).
PELLERIN (Mme A.).
PENA (A.-M.).
PERCIVAL-FARQUHAR.
PENHA-LONGA (Comte DE).
PETIN (H.).
PETIN (Mme H.).
PETIT (R.).

PFEIFFER (A.-I.-I.).
PHILIPPI (Mme E.).
PHILIPS (C.-S.).
PILTER (R.).
PILTER (Miss J.).
PILTER (Miss M.).
PINSON (A.).
PINTO (A.).
PINTO (Mme A.).
PINTO (C.).
POLIAKOFF (J. DE).
POLIAKOFF (Mme D. DE).
POMMEREAU (J. DE).
POREL (Mlle).
PORGÈS (Mme J.).
POTTIER (R.).
POTTIER (Mme R.).
POURTALÈS (Comte J. DE).
POZNANSKI (C.).
POZNANSKI (Mme C.).
POZNANSKI (V.).
POZZI (J.).
PRACONTAL (Comte A. DE).
PRATT (H.-R.).
PRATT (Mme H.-R.).
PROPPER (E.).
PROPPER (Mme E.).
PRUNIER (M.).
PRUNIER (Mme M.).
PUGET (Mlle M.).

QUINSONAS (Comte P. DE).

RAIME (L. DE).
RAIMON (J.).
RAIMON (Mme J.).
RAOUL-DUVAL (M.).
RAOUL-DUVAL (Mme M.)
RAOUL-DUVAL (C.).
RAOUL-DUVAL (Mme Ch.).
RAOUL-DUVAL (R.).
RAPHAEL (M.).
RAPHAEL (Mme M.).
RAPHAEL (Mme M.-R.).
RAULIN (O.).
RAVET (P.-M.).
RAYMOND-VOOG.
RAYMOND-VOOG (Mme).
RÉCOPÉ (Comte A.).
RENAULT (J.).
RENAULT (Mlle F.).
RESZKÉ (J. DE).

RESZKÉ (Mme J. DE).
REUTH (Mme VAN).
RHEIMS (G.).
RHEIMS (Mme G.).
RIDPATH (H.).
RINKHUYZEN (VAN H.-G.).
RITSCHER (M.).
RITSCHER (J.).
ROBINSON (F.).
ROBINSON (Mme F.).
ROBINSON (F. fils).
RODOCANACHI (P.).
ROMIEU (J.).
ROMIEU (Mme J.).
RONALDS (P.-L.).
ROOD (Mme H.-K.).
ROTHSCHILD (Baron E. DE).
ROTHSCHILD (Baronne E. DE).
ROTHSCHILD (Baron R. DE).
ROTHSCHILD (Baronne R. DE).
ROTHSCHILD (J.-A. DE).
ROTHSCHILD (Baronne J. DE).
ROTHSCHILD (Baronne H. DE).
ROTHSCHILD (Baronne M. DE).
ROUGEMONT (Comte R. DE).
ROUGEMONT (Comtesse R. DE).
ROUSSEAU (P.).
ROUSSY (Le Dr G.).
ROUSSY (Mme G.).
ROUVILLE (Mme M.).
RUSSELL (Mme).
RYCK (Mlle C. VAN).
RYLE (E.).
RAFFALOVICH (M. et Mme N.).
RECHT (M.).
RIBEIRO (M. et Mme M.).
RUEFF (Mme J.).
RUSSEL (W.-H.).

SAILLARD (H.).
SAINT-LÉGER (P. DE).
SAINT-MATHURIN (R. DE).
SAINT-PAUL (Mme G. DE).
SAINT-PIERRE (Mme J. DE).
SAINT-SAUVEUR (Marquise DE).

SALEMFELS (Mlle S. DE).
SALIGNAC-FÉNELON (Comtesse DE).
SANFORD (J.).
SANTAMARINA (J.).
SANTOS-DUMONT (A. DE).
SANTOS-SUAREZ (L.).
SANTOS-SUAREZ (F.).
SAUBÉRAN (J.-B.).
SAUBÉRAN (P.).
SAUBÉRAN (Mme P.).
SAULTY (A. DE).
SAULTY (Mme DE).
SAUNDERS (G.).
SAY (C.).
SCHNAPPER (S.).
SCHNAPPER (Mlle).
SCHNEIDER (Mme J.).
SCHUHMANN (R.).
SCHUHMANN (Mme R.).
SCHUMANN (Mme A.).
SÉE (Mlle M.).
SEIGNOL (E.).
SENN (E.).
SENSEMAN (C.-D.).
SEWELL (Mme W.).
SHEA (G.-E.).
SHEETS (H.-F.).
SHERRILL (H.-C.).
SINGER (A.).
SINGER (Mme S.).
SIRY (Mme G.-E.).
SIRY (E.-C.).
SIRY (Mme E.-C.).
SOLBRIG (Dr O.).
SOLBRIG (Mme O.).
SOLDATENCOW (G.).
SORCHAN (V.).
SOUCHON (A.).
SOYER (E.).
SOYER (P.).
SPAULDING (J.-H.).
SPAULDING (Mme J.-.H).
SPENCER (A.-N.).
SPRECKELS (Mme).
SPROUL (Miss H.-W.).
STAUFFER (W.-E.).
STEEN (T.-E.).
STEEN (Mme T.-E.).
STERN (E.).
STRAPP (W.).
STRAPP (Mme W.).
STRAUSS (Mme J.).
STUREL (J.).
SULZBACH (Mlle M.).

SUSSMANN (A.).
SUSSMANN (Mme A.).
SUZANNET (Comte J. DE).

TANCO DE ARGAEZ (L.).
TAUBE (Baron G. DE).
TENRÉ (H.).
TERESA (J.).
THALMANN (R.).
THOMPSON (T.).
THOMPSON (Mme T.).
THORAILLER (Mme H.).
THUREAU-DANGIN (F.).
THURNAUER (E.).
TINARDON (M.).
TINARDON (Mme M.).
TORRE (C. DE LA).
TOUR D'AUVERGNE (Prince H. DE LA).
TRARIEUX (J.).
TRARIEUX (Mme J.).
TRÈVES (Mme J.).
TWYEFFORT (L.-V.).

UDAONDO (G.-A.).
ULLMANN (C.-A.).
UNZUE (C.).
UNZUE (S.).
UNZUE (Mme S.-F.).
UZÈS (Duc D').

VAAMONDE SANTANA (L.).
VAGLIANO (C.).
VAGLIANO (A.).
VAGLIANO (M.).
VAGLIANO (Mme M.).
VAGLIANO (M.-A.).
VAGLIANO (Mme M.-A.).
VAIL (E.).
VAIL (Mme E.).
VALLOMBROSA (Duc DE).
VALTON (J.).
VALTON (Mme J.).
VANDERBILT (W.-K.).
VARNIER (P.).
VAURÉAL (Comte P. DE).
VEIT (G.-B.).
VEIT (Mme G.-B.).
VERDÉ-DELISLE (G.).
VERDÉ-DELISLE (J.).
VERNES (P.).
VERNES (F.).
VERNES (Mme F.).
VIGNAUD (J.).

VIGNAUD (Mme J.).
VIGNES (P.).
VIGUIER (H.).
VIGUIER (Mme H.).
VILLE (Mme G.).
VILLE LE ROULX (R. DE LA).
VILMORIN (J.-L. DE).
VIVIANI (Mme R.).
VOGUÉ (Comte R. DE).
VOGUÉ (Comtesse R. DE).
VOGUÉ (Comte C. DE).
VOGUÉ (Comtesse C. DE).
VUILLET (Baron G.).
VUILLET (Baronne G.).

WALLERSTEIN (J.).
WAINWRIGHT (E.).
WANAMAKER (R.).
WANAMAKER (Mme R.).

WANAMAKER (J.).
WARDEN (W.-F.).
WARDEN (Mme W.).
WARDEN (J.-B.).
WARDEN (H.-W.).
WATTEVILLE (Baron R. DE).
WATTEVILLE (Baronne R. DE).
WEBB (L.).
WEIL (J.).
WEIL (Mme J.).
WEIL (Mme D.).
WEISWEILLER (A.).
WEISWEILLER (Mme A.).
WEISWEILLER (L.).
WEISWEILLER (Mme L.).
WENTWORTH (E.-S.).
WENTWORTH (Mme E.-S.)
WIENER (H.).

WIENER (G.).
WILKINSON (T.).
WILSON (B.-M.).
WILSON (Mme B.-M.).
WILTSEE (E.).
WINTHROP (R.-M.).
WIRIOT (L.).
WOLKONSKY (Princesse)
WOOLLEY (C.-M.).
WORK (B.).
WORMSER (A.).
WORMSER (Mme A.).
WHITEHOUSE (S.).
WINDELER (G.-H.).

XANTHO (M.).

YEATMAN (L.).
YEATMAN (Mme L.).

ZERVUDACHI (Mlle L.).

GOLF DE CHANTILLY

COMITÉ

S. A. MGR LE PRINCE MURAT, *président.*
HARCOURT (VICOMTE D'), *vice-président.*
ROTHSCHILD (Baron Ed. DE), *vice-président.*
STERN (J.), *Trésorier.*
BALÉZEAUX (H.), *Secrétaire.*

CAILLAULT (M.).
CHASSELOUP-LAUBAT (Marquis DE).
ESMOND (Ed.).
FLEURY (G.).
GRIGLET (M.).
MENIER (G.).
DECAZES (Duc).
GUICHE (Duc de).

LE MAROIS (Comte).
NEUFLIZE (Baron DE).
ROTHSCHILD (Baron Rt DE).
VAGLIANO (C.).
VALLON (O.).
VANDERBILT (W. K.).
SALVERTE (R. DE).

Liste des Membres.

ABBATUCCI (Comte J.).
AGUIAR (L. D').
ALSACE (Comte M. D').
AMOR (P.), 18.
ANDIGNÉ (Comte F. D').
ANDRÉ (Mme L.).
ANDRÉ (S.).
ANDRÉ (Mme S.).
ARAGO (F.).
ARAMON (Comtesse B. D').
ARCHIBALD (S.-G.).

ASTIER DE LA VIGERIE (Baron M. D').
AUFFIN ODT (C.).
AUDRA (E.).
AUGUSTE-DORMEUIL (H.).
AUGUSTE-DORMEUIL (M.).

BAER (L.), 18.
BABUT (J.), 10.

BACOT (J.).
BALÉZEAUX (H.).
BALÉZEAUX (Mlle G.), 12.
BALLI (X.).
BALLY (Mme I.).
BARDAC (J.).
BARTHOLOMEW (Mme G.)
BARTHOLOMEW (Mlle G.), 28.
BATZ (Baron DE).

CUNNINGTON (G. junior).
CUNNINGTON (E.).
CUNNINGTON (E.).
CUVINOT (H.).
CUVINOT (Mme H.).

DAILLY (P.).
DANON (J.).
DECAZES (Duc).
DECAZES (Duchesse).
DECAZES (Comte J.).
DEFOUGY (R.).
DEFRESNE (Mme H.).
DEFRESNE (P.).
DEJARDIN - VERKINDER (P.).
DEJARDIN - VERKINDER (Mme P.).
DELAGRAVE (M.), 20.
DELAGRAVE (Mme M.), 22.
DELAGRAVE (R.).
DELAUNAY - BELLE - VILLE (P.). 20.
DELOISON.
DEMANCHE (J.).
DEMANCHE (Mme J.).
DENANT (M.).
DENANT (Mme M.).
DENANT (E.).
DERVAUX.
DERVAUX (Mme).
DESABIE (P. M.).
DESTORS (Mme A.).
DEUTSCH DE LA MEURTHE (E.).
DIAZ-ALBERTINI, 12.
DOLLFUS (Mme M.).
DOUCET (J.).
DREYFUS (T.).
DREYFUS (M. T.).
DREYFUS (Mlle B.).
DRIARD (Mme R.).
DUBRUJEAUD (J.).
DUBRUJEAUD (A.).
DUGAS (P.).
DUNCANNON (Vicomtesse).
DUPONT (E.).
DUPONT (Mme E.).
DURAND-FARDEL (M.).
DURHAM (W. H.).
DUTREIL (C.).
DUVEEN (J.).
DUVEEN (L.), 13.
DUVEEN (E.).

ELCHINGEN (Duc D').

ELCHINGEN (Duchesse D').
ELIA (Commandeur G. E.).
EMDEN (T.).
EPHRUSSI (M.).
EPHRUSSI (Mme M.).
ESCHGER (Mme H.).
ESCHGER (M.).
ESCUDIER (R.).
ESMOND (E.), 2.
ESMOND (Mme E.).
ESPAIGNE (Mme D', née TRUELLE).
ESPAIGNE (J. D').
ESPIERRE (Comte G. Ed.).

FABENS (C.).
FABENS (Mme C.).
FABVIER (Mme R.).
FADATE DE SAINT-GEORGE (Comtesse H. DE).
FARGO (S.), 8.
FARGO (Mme S.).
FARQUHAR (P.).
FAUQUET (A.).
FAUQUET-LEMAITRE (P.).
FAUTRAT (G.).
FAY (G.).
FENWICK (Cap. R.).
FENWICK (Mme R.).
FITHIAN (R. B.).
FLEURY (G.).
FLEURY (A.), 15.
FOACIER.
FOREST (Baronne DE).
FORTIN - BELLEFONDS (G.).
FORTIN - BELLEFONDS (Mme).
FOUCHER (F.).
FOUCHER (Mme F.).
FOULD (Mme A.), 24.
FOULD (A.).
FOULD (Mme A.).
FOULD (Mme R.), 16.
FOULD-SPRINGER (Baron).
FOULD - SPRINGER (Baronne).
FOY (Baron).
FOY (Mme la Vicomtesse).
FOY (S.).

FOY (Mlle I.).
FRÉMAUX (G.).
FRÉMAUX (Mme G.).
FRÉMONT (H.).
FROMENT-MEURICE (F.), 16.

GANS (H.).
GARMENDIA (B. S. DE).
GENTIEN (Mme P.), 14.
GEORGES-PICOT (P.).
GEORGES-PICOT (Mme P.).
GERMAIN (M.).
GERMAIN (Mme M.).
GERMAIN (M.).
GERMAIN (P.).
GERMAIN (Mme P.).
GERMOT.
GHEEST (C. DE).
GHEEST (H. DE).
GIBERT (G.).
GILLOU (Mme L. A.).
GIMPEL (R.).
GIMPEL (Mme R.).
GIROD (P.).
GIROD (Mme P.), 18.
GOLDSCHMIDT (R.).
GOLDSCHMIDT (Mme R.).
GOLDSCHMIDT (P.).
GOUIN (E.).
GOUIN (Mme E.).
GOUIN (R.).
GOUIN (G.).
GOUIN (E.).
GOUIN (Mme E.).
GOUY D'ARSY (Comte DE).
GRAMONT (Comte DE).
GRANARD (The Earl of).
GRANET (J.).
GRAVES (R.).
GRAY (C. H.), 3.
GRAY (Mme C. H.), 17.
GRIMPREL (M.)
GRIMPREL (Mlle).
GRIMTHORPE (Lord).
GRIOLET (M.).
GRIOLET (Mme M.),
GRIOLET (L.).
GROMARD (L.).
GRUNBERG (L.).
GRUNBERG (Mme L.).
GUICHE (Duc DE).
GUMAELIUS (A. S.), 10.
GUMAELIUS (Mme).

GOLF DE SAINT-CLOUD

Au moment où nous mettons sous presse, l'Annuaire des Membres du Golf de Saint-Cloud n'existe pas encore.

GOLF DE FONTAINEBLEAU

CONSEIL D'ADMINISTRATION

GANAY (Marquis DE), *Président.*
BELLET (Baron J. DE), *Membre.*
CABARRUS (L.). —
COULANGE (Baron DE). —
FOURET (R.). —
GONTAUT-BIRON (Comte A. DE), *Membre.*
GRIMPREL (M.), *Membre.*
LAVAURS (Comte), *Membre.*
J. PUJOS DU COUDRAY, *Membre.*
PUYFONTAINE (Comte A. DE), *Secrétaire du Conseil.*
TAVERNIER (P.), *Membre.*
TAYLOR (L.), *Membre.*

Liste des Membres.

ABBADIE (A. D').
ALFASSA (Mlle J.).
ALLARD DE GAILLON (Baron).
ALLARD DE GAILLON (Baronne).
ANDERSON (Miss R.).
ANDERSON (Miss).
ANFERIE.
ANGULO (A.).
ANGULO (Mlle A.).
ARCY (Baron J. D').
ARNOULT (Mme E.).
ARON (E.).
ARON (Mme E.).
ARON (Mlle Y.).
ASTIER DE LA VIGERIE (Baronne D').

BARBARIN (Mme G. DE).
BARDAC (H.).
BARRE (C.).
BARRE (H.).
BARRE (M.).
BASCOU (O.).
BAULNY (Baron DE).
BAUMANN (L.).
BEADEL (G.-W.).

BÉARN (Comtesse DE).
BEAUVAU (Prince DE).
BEAUX (Mme DE).
BÉCHET (Mme G.).
BÉCHET (Mlle S.).
BÉCUS (G.).
BÉCUS (Mme G.).
BÉECHE (H.).
BELFORD (Prince DE).
BELLET (Baron J. DE).
BENEDETTI (Comte).
BENEDETTI (Comtesse).
BENEDETTI (Mlle).
BENEDETTI (F.).
BERGERY-DEROCLE.
BERGERY - DEROCLE (Mme).
BERNARD DE MEURIN (Vicomte).
BERTHEMY (Baron).
BERTHEMY (Baronne).
BERTHEMY (Baron J.).
BERTHEMY (Baronne J.).
BLAY (Capitaine).
BLAY (Mme).
BLAY (Mlle S.).
BLAY (P.).
BLOCH (J.-A.).

BORDEREAU (L.).
BOULARD (O.).
BOULLAND (H.).
BOULLAND (Mme H.).
BOURCART (P.).
BOURCART (Mme P.).
BOURG DE BOZAS (Cte DU).
BOUTEILLIER (H.).
BRETEUIL (Vicomte DE).
BRETTEVILLE (T. DE).
BREUIL (A. R. DE).
BUREAU (G.).
BUREAU (Mme G.).
BUXTON (L.).

CABARRUS (L.).
CABARRUS (Mme L.).
CABARRUS (Mlle).
CACHARD (H.).
CAEL (Mme A.).
CAHEN (R.).
CAHEN (A.).
CAHEN (Mme A.).
CAHEN D'ANVERS (Cte C.).
CARTIER (L.).
CARTIER (P.).

HERSCHER (Mme).
HEUDEBERT.
HEUDEBERT (Mme).
HEUDEBERT (J.).
HEUDEBERT (G.).
HINKLE (E.-F.).
HIPWELL (Dr A.-L.).
HOTTINGUER.
HOTTINGUER (Mme).
HUFFER.
HUFFER (Mme).
HUILLIER (G.).

JACQUIN (L.).
JACQUIN (Mme L.).
JAMESON (M.).
JAVAL (F.).
JAVAL (Mlle A.-C.).
JOURDAN (W.).

KING (Sir. H. S.).
KNYFF (Le Chevalier R. DE).
KOCH D'AVENITH (J. P.)
KRAFFT (Mme).
KRAFFT (P.).
KRAFFT (Mlle).

LACAPÈRE (Docteur).
LACARRIÈRE (M.).
LANGTON (Capitaine).
LANTRADE - WILFORD (Mme).
LAPEYRE (Docteur).
LAPEYRE (Mme).
LAVAURS (Comte).
LAVAURS (Vicomte A.).
LAVAURS (Vicomtesse A.).
LAVAURS (Vicomte R.).
LAVOLLÉE (P.).
LAZARD (A.).
LEBAUDY (P.).
LEBAUDY (Mme P.).
LEBAUDY (J.).
LEFÉBURE (P.-E.).
LEFÉBURE (Mme P.-E.).
LEFÈVRE-PONTALIS.
LEMARÉCHAL (A.).
LEMOINE (L.).
LEMOINE (G.).
LESTRE (Comte R.).
LETELLIER (Mme).
LÉVI (V.).
LEVIS-MIREPOIX (Cte G. DE).
LEVIS-MIREPOIX (Ctesse G. DE).

LÉVY-HULLAMNN.
LOMBARDIÈRE (J. DE LA).
LOMBARDIÈRE (Cl. DE LA).
LORILLARD-RONALDS (P.).
LORILLARD - RONALDS (Mme P.).
LOSTE (E.).
LOSTE (Mme E.).
LOSTE (Mlle).
LOZOUET (P.).
LOZOUET (Mme P.).
LOZOUET (Mlle P.).

MACKIE (W.).
MAGEE (J.).
MAGITOT (P.-E.-A.).
MAGITOT (Mme P.-E.-A.).
MAIZET (E. DE).
MARSAY (Comte DE).
MARTELL (Mme E.).
MARTIN (Mlle A.).
MARTIN DU NORD (Cte).
MARTIN DU NORD (Vte).
MARTIN DU NORD V^tesse)
MASIN (Comte DE).
MASIN (Comtesse DE).
MAUGEY (L.).
MAX (E.).
MERCIER (Capitaine).
MEUNIER DU HOUSSOY.
MICHEL (C.).
MICHEL (Mme C.).
MICHEL (A.).
MONTAIGU (Comte A. DE).
MONTAIGU (Comtesse A. DE).
MONTESQUIOU (Comte L. DE).
MOREAU (V.).
MOTTE (Baron DE LA).
MOTTE (Baronne DE LA).
MOTTET (H.).
MOTTET (Mme H.).
MUN (Comtesse DE).
MUN (Marquis DE).
MUN (Marquise DE).

NAVONEANO (C.-A.).
NEIKE.
NEUBAUER (A.).
NORTHCLIFFE (Lord).

NOUE (Vicomtesse DE).

ORIGNY (Vicomtesse D').
ORLOFF (Prince).
OSTROROG (Comtesse).
OUVRÉ (Mme A.).

PAGAN (Comte Y. DE).
PAGE (J.).
PANGE (Comte F. DE).
PANGE (Comtesse F. DE).
PASTRÉ (E.).
PASTRÉ (Mme E.).
PARRISCH (J.).
PARRISCH (Junior).
PEREIRE (J.).
PEREIRE (Mme J.).
PÉROUSE (D.).
PERQUEL (J.).
PERQUEL (Mme J.).
PERQUEL (Mlle J.).
PERTUISOT (Mlle J.).
PHÉLAN-GIBB (H.).
PIERRE-KAHN (Docteur).
PIERRE-KAHN (Mme).
PINGUET (Mme E.).
POIRIER (E.-A.).
POIRIER (Mme E.-A.).
POTTER (S.-D.).
PRA (A.).
PRESTON (A.-W.).
PUJOS DU COUDRAY (Mme).
PUJOS DU COUDRAY (J.).
PUYFONTAINE (Comte A. DE).
PUYFONTAINE (M. DE).

QUEILLÉ (E.).
QUEUDOT (P.-C.).

RAIME (L. DE).
RAIMON (J.).
REUSS (Mme).
RICARD (Mme).
RICARD (R.).
RICHEMONT (Mme).
RICHEMONT (P.).
RICHEMONT (Mme P.).
RIVAIN (L.).
RIVIÈRE (M.).
RIVIÈRE (Mme M.).
ROBINSON (F. F.).
ROBINSON (Mme F. F.).

ROTHSCHILD (Baron DE).
ROUFF (J.).
ROUGEMONT (Comte DE)
ROULLIOT (G.).
ROULLIOT (Mme G.).
ROUVEYRE (A.).
ROYER (G.).
ROYER (Mme G.).
RUBEN-GUBBAY.
RUBEN-GUBBAY (Mme).
RUTY (Comte R. DE).
RYLE (F.).

SAISSET (DE).
SAISSET (Mme DE).
SALANSON (Mme).
SALLE (Comte L. DE LA).
SALLES (Comte).
SALLES (Comtesse).
SALMSON (G.).
SALMSON (P.).
SCHLUMBERGER (G.).
SCHNEIDER (Mme J.).
SCHWAB.
SCHWAB (Mme).
SEAUVE (Mme G.).
SÉGUR (Comte L. DE).
SÉGUR (Comtesse L. DE).
SHANN-KELLY.
SHANN-KELLY (Mme).
SIMON (G.).
SINGER (Mme).
SOLMS (Comte DE).

SOLMS (Comtesse DE).
SOMMIER (E.).
SOMMIER (Mme E.).
SOYER E.).
SOYER (Mme E.).
SOYER (Mlle M.).
SOYER (H.).
SOYER (P.).
STOREZ (M.).
STUCKEN.
STUCKEN (Mme).
SUBERVIELLE (Comte DE).
SUBERVIELLE (Comtesse DE).

TALLANDIER.
TALLANDIER (Mlle G.).
TARTIÈRE (R.).
TARTIÈRE (Mme R.).
TARTIÈRE (Mlle).
TAVERNIER (P.).
TAYLOR (L.).
TAYLOR (Mme L.).
TENRÉ.
THAYER (Mme R.).
THAYER (Mlle A.).
THÉOLOGO (G.).
THÉOLOGO (Mme G.).
THOMAS (G.).
THOMAS (Mme G.).
TINGUY DU POUET (Cte DE).

TOUR D'AUVERGNE (Princesse DE).
TREILHARD (Vicomtesse).

VAGLIANO (M.).
VAGLIANO C.).
VAGLIANO (A.).
VALICOURT (Comtesse DE).
VANSSAY (Comte DE).
VAVASSEUR (J.).
VERDÉ-DELISLE.
VERNEUIL (M. DE).
VILMORIN (L. DE).
VIREL (A. DE).
VOGUÉ (Comte R. DE).
VOGUÉ (Comte C. DE).

WAINWRIGHT (E.).
WAUBERT DE GENLIS (H. DE).
WECHLER (Mlle).
WINDELER (G. H.).
WOOG (R.).
WOOG (Mme R.).
WOOG (Mlle I.).
WOOG (Mlle M.-L.).
WORTH (J.-C.).

ZENTZ D'ALNOIS.
ZENTZ D'ALNOIS (Mme).

SOCIÉTÉ DE SPORT DE COMPIÈGNE

COMITÉ

Président : SEROUX (M. le baron DE).
Vice-Présidents : FAUCIGNY-LUCINGE (Prince R. DE) ; OUTREY (F.).
Commissaire général : FAUCIGNY-LUCINGE (Prince DE).

Membres :

ARGENTRÉ (Comte D').
BAILLIENCOURT (DE).
BOURG DE BOZAS (Comte DU).
BUISSERET (Comte DE).
COMMINGES (Comte DE).
DECORIO SAINT-CLAIR.
FOURNIER SARLOVÈZE (R.).
L'AIGLE (Comte DE).

MARCOT.
MARTEL (V.).
MUNROE.
PIOLANT (Vicomte DE).
PRISSE (G.).
SEROUX (M. DE).
VAGLIANO (M.).

Liste des Membres.

Agnel de Bourbon (J. d').
Allez (E.), 24.
Allez (Mme E.).
Allez (J.), 12.
Amor (P.), 15
Amor (Mme P.).
Andigné (Comte d').
Antonetti (Cte P.), 23.
Antonetti (Ctesse P.), 18.
Antonetti (R.), 9.
Argentré (Comte du Plessis d').
Argentré (P. du Plessis d').
Armand (E.).
Assche (Comte d'), 24.
Assche (Comtesse d'), 24.
Aubernon de Nerville (Mme).

Bailliencourt (De).
Bailliencourt (Mme de).
Balézeaux (H.), 10.
Balsan (E.).
Barandiaran (Mlle de), 23.
Barante (Baron E. de).
Barante (Baronne E. de).
Beauregard (Comtesse Durand de).
Beauregard (Comte M. Durand de), 22.
Beauregard (Comte R. Durand de).
Beauregard (Comtesse R. Durand de).
Beauvoir (Commandant H. de).
Beauvoir (Comtesse H. de).
Bel (Mme P.).
Belan (A.).
Belan (Mme A.).
Bellet (Baron J. de).
Bernard (Lieutenant).
Bernoville (H. de).
Bernoville (Mme H. de).
Bertier de Sauvigny (Comte A. de).
Bertier de Sauvigny (Comtesse A. de).
Bertin (M. F.).
Bertin (Mme F.).

Binder - Mestro (Mme H.).
Blandin (Capitaine).
Blandin (Mme).
Boisredon (Capitaine H. de).
Boisredon (Baronne H. de).
Bojano (Mme de).
Boudousquié (A.).
Boudousquié (Mme A.).
Bourbon-Chalus (Cte de).
Bourbon - Chalus (Comtesse de).
Bourg de Bozas (Cte du), 13.
Bourg de Bozas (Comtesse du), 24.
Bourg de Bozas (Mlle M. T. du), 24.
Bourg de Bozas (G. du) 24.
Bourg de Bozas (E. du) 14.
Breda (Comte J. de).
Breda (Comtesse J. de).
Breda (Comtesse R. de).
Breuil (Mme du).
Brun (A.).
Brun (Mme A.), 24.
Brun (G.).
Buisseret (Comte H. de), 18.
Buisseret (Comtesse H. de).
Bussy (Comte de).
Bussy (Comtesse de).
Bussy (Vicomte A. de).
Bussy (Vicomtesse A. de).

Cachard (H.).
Cardin.
Cardin (Mme).
Catoire (H.).
Champion (E), 24.
Champlieux (H. de).
Champlieux (Mme H. de).
Chézelles (Vicomtesse G. de).
Chézelles (Vte R. de).

Clouet des Perru-ches (Mme).
Colombier (Lieutenant P. Lasné du).
Comminges (Comte de).
Corday (Vicomte de).
Corday (V^tesse de).
Corny (Lieutenant de).
Corny (Mme de).
Costa de Beauregard (Comte C.).
Costa de Beauregard (Comtesse C.).
Crépin (P.), 24.
Cunha (Mlle da).

Debayser (R.).
Debayser (Mme R.), 24.
Decorio Saint - Clair, 24.
Decorio Saint - Clair (Mme).
Decorio Saint - Clair (J.), 21.
Delagarde (E.), 14.
Delagarde (Mme E.), 24.
Delagarde (Mlle), 24.
Depew (C. M.).
Depew (Mme C. M.).
Deschamps (P.).
Desmoutier.
Desmoutier (Mme).
Devuns (Commandant).
Devuns (Mme).
Dorlodot (Baron L. de), 24.
Dorlodot (Baronne L. de), 24.
Dubloc (E.).
Dubloc (Mme E.).
Dupas-Hamoir (M.), 20.
Dupas - Hamoir (Mme M.).
Dupas-Hamoir (J.), 18.
Dupas-Hamoir (Mlle), 22.
Dutilleul (Mme).
Dutilleul (M. B.).
Dutilleul (R.).

Elva (Vicomte A.-J. d').
Elva (Vicomtesse A.-J. d').

Marcot, 18.
Marcot (Mme).
Marcot (Mlle), 15.
Maret (Baron de), 24.
Maret (Baronne de), 24.
Mariani (Baron).
Martel (F.), 24.
Martel (Mme F.).
Martel (V.), 21.
Martel (Mme V.).
Massieu (Capitaine).
Massieu (Mme).
Masurel (J.).
Masurel (Mme J.).
Maurice (H.).
Menier (G.).
Menier (Mme G.), 24.
Menier (J.).
Merlin (Baron C.), 24.
Merlin (Baronne).
Merlin (J.), 19.
Merlin (T.), 13.
Merlin (R. C.), 24.
Merlin (J.).
Merlin (T.).
Meurin (Vicomte B. de).
Monahan (F. W.).
Monahan (Mme F. W.).
Montmarin (Comte de).
Moreau (A.).
Moreau (J.).
Moussac (G. de), 24.
Moussac (Mme G. de).
Moussac (J. de), 15.
Mun (Comte B. de).
Mun (Comtesse B. de).
Munroe (G.).
Munroe (Mme G.).
Munroe (Mlle), 18.

Orsetti (Comte A. d').
Orsetti (Comtesse A. d').
Orsetti (E.), 15.
Orsetti (Comte T. d').
Orsetti (Comte L. d').
Orsetti (Comtesse L. d').
Outrey (F.), 8.
Outrey (Mme F.), 24.
Outrey (H.).

Papin (J.).
Passage (Comte du).
Passage (Comtesse du).
Pepin - Lehalleur (A.)
Pepin - Lehalleur (Mme A.).

Pepin - Lehalleur (Mlle), 24.
Perrot de la Breuille (Commandant).
Perrot de la Breuille (Mme).
Petit-Delchet (M.).
Petit-Delchet (Mme M.), 24.
Petit-Delchet (A.), 24.
Petit-Delchet (J.), 16.
Petit-Delchet (Mlle F.-G.), 9.
Petit-Delchet (Mlle R.-M.), 24.
Pigeory (A.).
Pigeory (Mme A.).
Piguet (Lieutenant-colonel).
Piguet (Mme).
Pillet-Will (Comte).
Pillet-Will (Comte F.)
Pillet-Will (Comtesse F.).
Piolant (Vicomte d'Aviau de).
Piolant (Vicomtesse d'Aviau de).
Poilane.
Poilane (Mme).
Pontalba (A. de).
Prisse (G.).
Prisse (Mme G.).
Prisse (Ph.), 9.
Puget (Vicomte du).
Puget (Vicomtesse du).

Quénetain (Vicomte de).
Quénetain (Vicomtesse de).
Rivière (Mlle).
Rohan-Chabot (Cte G. de).
Rohan-Chabot (Comtesse de).
Rothschild (Baron E. de).
Rothschild (Baron R. de).
Roubin (Lieutenant O. de).
Roubin (Baronne O. de).
Rousseau (Général).
Royer (P. de).

Royer (Mme P. de).
Royer (P. de).
Rudault.

Saglio (Capitaine C.).
Saglio (Mme C.).
Saint-Mathieu (Vicomtesse de).
Saint-Olive (F.).
Saint-Olive (Mme F.).
Saint-Trivier (Baron R. de).
Saint-Trivier (Baronne R. de).
Salverte (C. de), 24.
Salverte (Mme C. de).
Schwabé, 22.
Segonzac (Marquis de), 24.
Segonzac (Comte P. de), 24.
Segonzac (Comtesse P. de), 24.
Segonzac (Baron de).
Seroux (Baron de).
Seroux (Baronne de).
Seroux (P. de).
Seroux (Colonel de).
Seroux (Mme de).
Seroux (A.), 14.
Seroux (M.), 24.
Seroux (M. de).
Seroux (H. de).
Seroux (R. de).
Sessevalle (J. de).
Sessevalle (Mme J. de).
Sibien (A.).
Sibien (Mme A.).
Songeons (Comte R. de).
Songeons (Comtesse R. de).
Stern (E.).
Stern (Mme E.).

Taube (Baron G. de).
Taube (Baronne G. de).
Théry (Docteur).
Théry (Mme).
Thoisy (Baron P. de).
Thoisy (Baronne P. de).
Thurneyssen (E.).
Thurneyssen (Mme E.).
Toulgoet (Capitaine de).

TOULGOET (Vicomtesse DE).
TOULGOET (Baron J. DE).
TOULGOET (Baronne J. DE).
TRÉMISOT (DE).
TULLAYE (Vicomte DE LA).
TULLAYE (Vicomtesse DE LA).
TURQUET DE BEAUREGARD (Lieutenant E.).

VACHERON (A.).
VACHERON (Mme A.).
VAGLIANO (C.), 10.
VAGLIANO (M.), 9.
VAGLIANO (Mme M.), 19.

VAGLIANO (A.-M.-O.).
VAGLIANO (Mlle), 14.
VALROGER (F. DE).
VALROGER (Mme F. DE).
VALTON (J.), 21.
VALTON (Mme J.), 24.
VERZEL (J. DE).
VERZEL (Mme J. DE).
VIENNE (Comte J. DE).
VIENNE (Comtesse J. DE).
VIGNON (M.).
VIGNON (Mme M.).
VILLENEUVE - BARGEMONT (Vicomte R. DE) 24.

VILLENEUVE-BARGEMONT (Vicomtesse R. DE), 24.

WAGNER (M.).
WAGNER (Mme M.).
WITTOUCK (J.).
WURTZ, 24.
WURTZ (Mme).

YTURBE (F.-M. DE).
YTURBE (Mme F.-M. DE), 24.
YTURBE (Mlle), 24.
YTURBE (P. DE), 15.

LE TOUQUET GOLF LINKS, Ltd.

Liste des Membres.

AGNEW (W.), 12.
*ADIE (E. J. M.), 10.
AMOR (P. A).
AMES (Mrs), 2.
AMES (T. L.), 5.
AMES (W. K.), 10.
AITKEN (T.).
AIKEN (Miss Q.).
AGACHE (E.).
ALEXANDER (G.), 4.
ALLEN (H.).
ALLAN (Ch. E.).
ALLAN (Mrs).
ATKINSON (Capt. H. C.).
ADAMS (C.).

*BURTON (Miss A. M.).
*BECK (G.), 18.
*BROWN (R. W.), 3.
BURROUGHS (F. G.).
BROWN (D.), + 2.
*BUTLER (W.), 12.
BIDWELL (E. P.), 15.
BARNES (E. C.), 1.
BARNES (A. T. H.).
BODEN (T. W.).
BODEN (Mrs).
BODEN (R. S.), 6.
BORTHWICK (J. B.), 7.
BODDINGTON (Miss R. O.).
BODDINGTON (H.), 10.

BUTLER (Lt-Col. F. J.), 18.
BÉRARD (P. R.), 1.
BÉRARD (R.), 8.
BÉRARD (M.), 15.
BOYLE (H. E. G.), 9.
BOYLE (Mrs), 24.
BROUGHAN (H. H.), 14.
BLOMFIELD (A.), 13.
BLOMFIELD (Mrs), 15.
BARRY (J. W.), 8.
BÉGHIN (C. C.), 12.
BARMBY (C.), 5.
BERGERY DEROCLE (Mme).
BERGERY (G.).
BURN (R. C. W.).
BURN (Mrs).
BUTLER (F. H.).
BERTIER (Comte C. DE).
BAULMY (Baron J. DE).
BEECHE (H.).
BELL (R.).
BROWN (A.), 2.
BUTLER (T. S.), 3.
BIGNON (P.), 18.
BIGNON (Mme), 24.
BACHELIER (L.), 18.
BARTLETT (E. H. H.).
BRENTON (H. S.).
BRENTON (Mrs).

BONE (L. C.), 17.
BOUILLERIE (Baron J. DE LA).
BAERLEIN (H. A.), 5.
BAERLEIN (Mrs).
BOUTEILLER (J. A. DE).

CAMPBELL (Col. J. E.).
CROISSET (F. DE).
*CREASY (L. E.), 9.
*CREASY (Mrs), 10.
COHEN (P. A.), 7.
CRIBB (H. E.), 6.
CAMPBELL (G.), 11.
CROOK (H. B.), Scr.
CROOK (Mrs. H. B.).
*CUMBERBATCH (A. E.), 10.
CLARKE (Capt. G.), 10.
CARLISLE (J. D.), 6.
CARLISLE (J., senior), 16.
CURRAN (Lieut-Col. J. P.).
CARSTENS (W. F.), 8.
COWAN (C. J.), Scr.
CLEAVE (J. R.), 12.
CLARKE (A. L.), 10.
CONROY (A. A.), 12.
CONROY (Mrs).
COLE (Col. A. W. G. L.).

* **Membres fondateurs.**

COLE (Mrs.).
CRAVEN (J. A.).
*CHURCHILL (E. L.).
CAZALET (C. H. L.).
CROLL (W. L.).
CHAPPELL (J. S.), 14.
CHAPPELL (Miss P.).
COKE (Capt. The Hon. J.), 3.
CHEVIGNÉ (Comte DE).
CHOLMONDELY (Lord G.), 18.
CHOLMONDELY (Lady).
CONSTANTINOVITCH (V. DE). 5.
CALVILL (Mme).

DUBOST (R.), 18.
DUBOST (Mme R.), 16.
DESCHAMPS (M. P.).
DAVIS (A. E.), 8.
DAY (C. E.).
DUNCOMBE (C. W. E.).
DELESALLE (L.), 16.
DELAGRAVE (M.), 18.
DELAGRAVE (Mme M.), 20.
DELAGRAVE (R.), 6.
DICK (C. CAMPBELL), 11.
DEBENHAM (F. J.), 9.
DRUMMOND (F. S.).
DELCOURT (L.).
DELCOURT (H.).
DELCOURT (J.).
DELAOUTRE (Mme A.).
DAVIS (W. L.), 12.
DAVIS (F. G.), 7.
DURLACHER (N. J.), 6.
DUVAL (Mme R.).
DELAWARR (E.).
DUJARDIN (J.).
DEJARDIN - VERKINDER (P.).
DEJARDIN - VERKINDER (Mme P.).
DEVILDER (J.).

EVANS (I.), 10.
EVANS (Mrs.).
ELCHO (Lord), 6.
ERLANGER (Baron D'), 3.
EDIE (Capt. J. R.).

FORBES (Lady A.), 16.
FONTAINE (L.),
*FOX (H. B.), 12.
FOX (Mrs. H. B.), 10.
*FIREBRACE (C. W.), 13.

FORSTER (S.).
*FOX (C.), 7.
*FOX (Mrs. C.), 24.
FAIRFAX (C. B.), 15.
FITZHUGH (W.), 4.
FITZHUGH (G.), 5.
FOCKEDEY (A.).
FOCKEDEY (Mme), 18.
FITZ GEORGE (Miss D.).
FRISE (Comte DE).
FLOWER (A. D.), 7.
FLOWER (Mrs.).
FRAPIN (H.), 5.
FALLY (L.).
FLETCHER (H.).
FANE (F.).

*GORE-BROWN (H. C.).
*GODFREY (G.), 10.
*GRANT (G. H.).
GORDON (W.), 10.
GROVE (J. A.).
GROVE (Mrs.).
*GOSSAGE (E. F.), 8.
GREENWAY (H. E.), 18.
GOULDEN (M.).
GOULDEN (Mme), 24.
GORDON (Major H.), 12.
*GRIOLET (M. G.), 18.
*GRIOLET (Mme M. G.), 20.
GRIOLET (L. G.).
GILBEY (H. N.), 10.
GILBEY (N.), 13.
GILBEY (C.), 6.
*GIBBS (W. F.), 14.
GOLDSCHMIDT (Mrs.).
GRAVES (A. B.).
GRAVES (Mrs.).
GONZALEZ (M. M.).
GRAF (C.).
GAMBURG (H. F.).
GASTRELL (C. R. H.).
GIBERT (F. E. Junior), 12.
GOETZ (Ch.), 14.
GOETZ (R.).
GUYOT (C.).
GUYOT (M.).
GIRAUD (G.).
GISTHORNE (G.).
GREEN (E. L.).
GUNZBURG (Baron G. DE).

*HAMBRO (A.).

*HAMBRO (H.).
*HEWITT (Captain H., R. N.).
HOWELL (A.).
HOWE (E.).
HULL (J. H,), 11.
HUTH (F.), 6.
HAYES (C. C.).
HAYES (Mrs.).
HANBURY (C. C.).
HETLEY (G.), 3.
HUTTON (A.), 14.
HUTTON (Mrs. A.).
HENTSCHEL (C.), 10.
HAYMAN (E. B.), 12.
HAWKINS (G. G.).
HOUTART (T.).
HOLDEN (E.).
HALL (W.).
HOARE (E. G.), 5.
HILL (E.), 9.
HILL (Mrs. E.).
HOARE (C. J.), 12.
HAWLEY (A.).
HEINEMANN (E. L.).
HAMILTON (Capt. D. M., R. N.), 3.
HAMILTON (Mrs.).
HOLCROFT (W.).
HOLCROFT (Mrs.), 4.
HOLCROFT (C. W.), 6.
HOLCROFT (H. R.), 16.
HANDS (A. C.).
HEALD (W. M.).
HEALD (Mrs.).
HANSON (Mrs. J.).
HARRIS (W. L.), 8.
HYSLOP (T. B., M. D.), Scr.
HERSCHER (R.).
HERSCHER (Mme).
HILL (G. M.).

*INGRAM (G. J.).
*IMPEY (E.).
ISAAC (B. A.).

JACKSON (J. B.).
*JUDD (W.), 13.
JAMES (Comm., R. N.), 2.
JAY (A.).
JOHNSON (C.).

KEY (E.).
KELLGREN (Dr. A.).
KEMP (A. T.).

KAULLA (A. DE).

*LE BLAN (G.), 18.
*LE BLAN (Mᵐᵉ), 14.
LE BLAN (J.), Scr.
LE BLAN (P.), 18.
*LAING (H. R.).
*LANGDON-DOWN (Dr.),12.
*LANGDON-DOWN (Mrs.)
LEGAY (F.).
LAMB (S. H.), 16.
LEYS (L.).
LABCOM (A., C. B.), 16.
*LEDERLIN (A.).
*LEDERLIN (Mᵐᵉ).
LOWES (E.), 9.
LANGTON (Capt. T. M.), 12.
LINDENBAUM (L.), 10.
LAWSON (F. W.).
LAWSON (Miss), 9.
LEE (F. H.).
LEWISS (Lᵗ-Col. H. F. P.).
LEWIS (F. L. K.).
LAZARUS (F.), 14.
LAZARUS (G. M.), 10.
LEGRAND (J.).
LEGRAND (Mᵐᵉ).
LEATHER (E. W.).
LAWRENCE (Capt. C. T.).
LEVY (D.).
LE CAMUS DE WAILLY.

*MORTIMER (W.).
*MARSHALL (F.), 6.
MESSER (A. A.).
MANSFIELD (H. J.).
*MILLS (H. C.).
MOORE (Rev. H.).
MOORE (C. H.).
*MITCHELL (R. P., M. D.), 12.
MASSE-POLLET (A.).
MASSE-POLLET (Mᵐᵉ).
MORRIS (W. B.).
MC CRAKEN (R.), 15.
MC CRAKEN (Mrs.).
MARSAY (Comte DE), 18.
MARSAY (Vicomte DE).
MC LEOD (C. C.).
MARIGOLD (J. A.), 12.
MASON (J. A. C.).
MALCOM (G.).
MATHON (Mᵐᵉ E.).
MATHON (E.).
MATHON (Mˡˡᵉ).

MARTELL (Rev. A. W. F.).
MARTELL (Mrs.).
MC KENNA (E.).
MANDLEBERG (Col. T. F.).
MANDLEBERG (Mrs.).
MILLER (G. A.).
MILLER (Capt. E. D.).
MASSA (Comte DE).
MEYER (B.), 18.
MERCER (G. E.), 6.
MONKLAND (F. G.), 8.
MONKLAND (G. E.), 6.
MONKLAND (Miss), 5.
MAURICE (H.).
MC CONNELL (Miss J.).
MARKHAM (Mrs. C. P.).
MAYERS (J. F.).
MONTGOMERY (V.).
MILLET (L.).
MILLET (Mᵐᵉ).
MUNDEY (T. C.).
MALLET (Mᵐᵉ E.).
MATTHEWS (R. W. P.), 8.
MULLIER (Mᵐᵉ J.).

*NEWTON (Mrs.), 18.
NEWNHAM-DAVIS (Lᵗ. Col.).
NICHOLSON (R.).
NORTHCLIFFE (Lord).
NOÉ (M. R. DE LA).
NOÉ (Mᵐᵉ DE LA).

OVERBURY (H. F.).
ORDT (C. A.).

PRINDLE (E. B.), Scr.
POOLE (R. W.), 12.
*PETHERICK (G. T.).
PHILIPPS (A. F.), Scr.
PHILIPPS (A. E.).
PRAAGH (B. B. VAN), 18.
PRAAGH (Mrs. VAN)
PRAAGH (R. VAN).
PENNANT (Capt. The Hon.).
PEGLER (F. E.), + 2.
PEGLER (F.).
POLITZER (H. E.), 12.
PARKES (J. A.), + 2.
PARMINTER (P.), 9.
PYMAN (J.).
*PATERSON (Dr. M.).

ROBERTS (E. L.), 5.
*RIDLEY (J. F.), 12.
ROOKE (J. H.), 18.
ROOKE (Mrs.), 18.
RYRIC (J. M.).
ROBINSON (J. B.).
ROBINSON (Mrs.).
RUTHERFURD (W.), 3.
ROBERTSON (W. A.).
RIBERETTE (A.).
RUFFER (F.), Scr.
RAIMON (F.), 16.
ROCKSAVAGE (Lord).
ROWE (W. H. C.), 18.
REMY (Mᵐᵉ C.).
RILEY (T. J. C.).
RASSON (E.).
RASSON (Mᵐᵉ).
RUCK REEVE (Mrs. V.).
ROTHBAND (H. L.).
ROTHBAND (Miss. J. V.).

STORRS (Rev. Prebendary).
STEWART (Dr. C. R.), 18.
*STREETEN (F. O.).
*STREETEN (Mrs.).
*STEVENSON (W.).
*SOMERVILLE (A.).
*SIMSON (P. A.).
SCHACKLE (E. N.), 10.
*STONEHAM (A. H. P.).
STONEHAM (Mrs. A.).
SPENCER (F.).
SIMON (F. W.).
SMITH (Sir C.).
SMITH (Miss D. C.).
SPENCER (A.), 1.
SAINTIER (L.).
SCHOFIELD (Mrs. L.).
SUTTON (A.).
SAMUEL (Miss G.).
SEYMOUR (Major).
SAINT-SAUVEUR (Comte DE).
SAINT-SAUVEUR (Comtesse DE).
STEPHENSON (T.).
STEVENSON (V. K.).
SAMSON (P. E.).
SAINT-LÉGER (Mᵐᵉ).
SETON KARR (Sir H.).
SHUFFREY (G.), 18.
SURTEES (Mrs.).
STIMMEL (W. P.).
SCHLENTHEIM (L.).

SANDEMAN (V. S.).

*THORNE (A.).
*TABOR (A. S.), 2.
*THORNE (A.).
THORNE (Mrs.).
TEMPEST (Lord H.).
THORNE (R. G.).
TWINING (S.), 12.
TWINING (H.), 16.
TOLLEMACHE (H. S.), 13.
THOMPSON (Miss S.), 16.
TOWLE (A.), 12.
THORNTON-LEVY (B.), 8.
THORNTON-LEVY (Mrs.).
TANQUERAY (J. T.), 12.
TANQUERAY (Mrs.).
TRACY (H. H.), 18.
TAYLOR (J. C.), 6.
TIMMINS (H.).
THORNE KING (H.), Scr.

THORNE KING (Mrs.).
TRISTRAM (Capt. W.).
THOMPSON (F.).
THOMPSON (Mrs.).
TOWLE (W.).

VAGLIANO (M.).
VAGLIANO (M. A.), 2.
VAGLIANO (Mrs.).
VESEY (H. O.).
VAN NESS (W. W.).

WEBB (J. C.), 6.
*WREN (C.), 12.
WILLIAMSON (J. C.).
WINCH (R.).
WHITE (A. V.), 15.
WHITE (Miss E. A.), 13.
WHITE (Mrs.).
*WILSON (L.), 9.
WEBBER (R. B.), 6.

WILSON (A. B. B.), + 1.
WILSON (Mrs. A.), 18.
WILSON (T. S. B.).
WALKER (Dr. J. L., M. D.), 4.
WALKER (Mrs. L.), 16.
WARDEN (J. B.).
WINDELER (B. C.).
WINDELER (Mrs.).
WERE (Mrs.), 16.
WEIL (A.).
WEIL (Mrs.).
WENHAM (B. E.).
WOULFE (A. T.), 10.
WELSH (Miss A.).
WEBSTER (Mrs. C.).
WILSON (A. S.).

YEATMAN (L.), 18.
YEATMAN (Mme).

PAU GOLF CLUB

Liste des Membres.

Gentlemen.

AYRTON (F. F.), 10.
ANNESLEY, 0.

BALFOUR (E.), 10.
BALFOUR-MELVILLE (L.), + 5.
BARCLAY (H.), 7.
BAMBURG (Capt. A.), 8.
BARRY (F.), 6.
BEGG (R. B.), 12.
BILLINGS (H. M.), 4.
BLACKWELL (E. B. H.), + 5.
BLIGH (A.), 8.
BROWNE (A.), 3.
BALFOUR (Col.), 14.
BUCKLEY (G.), 8.

CAIRD (R. H.), 5.
CAIRNES (H. M.), + 3.
CAIRNES (J. J.), 4.
CHAPMAN (W. C.), 0.
CHRISTIE (G. N.), 6.
CHIPPINDALE (E. T.), 1.
COY (G. M.), 3.

CROSSFIELD (A. H.), 0.
CUMING (F. E.), + 2.
CUNNINGHAM (F. E.), 2.
CUTHBERTSON (C.), 0.
CAMPBELL (G. C.), + 4.
COLLIS (Major W.), 10.

DARNLEY (Lord), 5.
DAVIDSON (P.), 4.
DEMUTH (R. A.), 7.
DUDLEY (Lord), 5.

ELCHA (Lord), 6.
ELLETSON (H. C.), 8.
ELGER (L.), 0.
ELWES (C. P.), 3.
EMMET-DEVEREUX, 0.
EMMET (R. S.), 5.

GOLDNEY (G. H.), 6.
GRAHAM (R. B.), 15.
GRIMOND (J. B.), 4.

HANBURG, 6.
HANKEY, 0.
HANKEY (H. W.), 5.

HARGREAVES (R. G.), 7.
HARRIOT (C. N.), 7.
HUNTER (N. F.), + 4.
HUNTER (Major B.), 7.
HUTCHINGS, + 2.
HUTCHISON (J. R.), 7.
HEYWOOD (S. O.), 2.
HONE (W. F.), 9.
HARGREAVES (Junior), + 1.

JAMESON (F. B.), 8.
JAMESON (H. R.), 12.
JAMESON (F.), + 3.

KING (H. T.), 0.
KINGSLAND (W.), 13.

LEGGATT (C. A. S.), 8.
LINLITHGOW (Marq. of), + 1.
LIVINGSTON (Col. P. J.), 0.
LIVINGSTON (E.), 12.
LONGUEIL (Baron DE), 15.

Labouchère, 18.
Levin, 9.

Mackenzie (M.), 4.
Maude (F. W.), 0.
Maxwell (R.), + 5.
Macewan (G.), 1.
Macfarlane (N.), 6.
Mure (W. J.), 3.
Montgomery Hawkins (Capt. H.), 17.
Malcolm, 14.

Newton (E. F.), 1.
North (H. W. H.), 4.
Nugent (G.), 13.
Napier Martin, 4.

Oakley (E.), 10.

Pelham (M.), 18.
Platt Sydney, 13.
Platt (Junior), + 1.

Rogers (J. W.), 15.
Russell (C. E.), 16.

Savile (R. S.), 6.
Scott (H. O.), + 4.

Vernon (Lord), 12.

Walker (E. R.), + 4.
Walker (H. G.), 4.
Wright (J. H.), 7.
Wright (M. R.), 2.
Winthrop (R.), 18.
Wilson Wood (A. R.), 4.

Ladies.

Anderson (Miss), 14.

Bacon (Miss I.), 14.
Barry (Miss), + 2.
Betts (Miss), 11.
Blennerhasset (Miss), 8.
Busk (Miss), 4.
Belhouse (Miss F. M.), 12.
Bourne-Wheeler (Mrs.), 12.
Bishop (Mrs.), 10.

Cairnes (Mrs. H.), 16.
Cunningham (Miss A.), 12.
Cooper (Lady), 18.
Cooper (Miss), 10.
Clutterbuck (Mrs.), 18.

Dunleath (Lady), 8.
Duval (Mrs. R.), 18.

Fell (Mrs.), 12.
Fox (Mrs.), 8.
Fox (Miss G.), 18.
Fellowes (Miss D.), 18.

Galliffet (Comtesse M. de), 14.
Gontaut-Biron (Mlle de), 9.
Grimond (Mrs.), 2.

Heywood (Miss), 10.
Hindley (Miss), 12.
Horae (Miss), 12.

Hambro (Mrs.), 8.
Hartopp (Mrs. G.), 14.
Hanbury (Miss), 18.
Hawke (Miss), 8.
Hemmerde (Mrs.), 18.

Jameson (Miss), 0.
Jameson (Mrs. F.), 3.
Jameson (Mrs. H. R.), 14.
Jameson (Miss M.), 18.
Jameson (Miss H.), 14.

Keyser (Miss A.), 14.
Kingsland (Mrs.), 14.
King Thorn (Mrs.), 16.
Knight (Mrs. A.), 7.
Knight (Miss), 10.
Knight (Miss M.), 14.

Lassence (Miss A. de), 17.
Laurie (Miss), + 1.
Leigh (Mrs.).
Laurie (Miss J. W.), 7.
Laurie (Miss E.), 18.
Lushington (Mrs.), 0.
Laurie (Miss E.), 8.
Laming (Mrs.), 12.

Macmahon (Mrs.), + 1.
Macfarlane (Mrs. N.), 14.
Monbrison (Mlle de), 16.
Mure (Mrs.), 8.
Murray (Mrs. H. S.), 3.

Maude (Miss), 0.
Mackinnon (Miss O.), 5.

Nicholl (Miss), 18.

Pemberton (Mrs.), 4.
Philipps (Miss F.), 12.
Platt (Miss E.), 2.
Potter (Miss M.), 4.
Pratt (Mrs.), 8.

Ransome (Miss A.), 10.
Richardson (Miss), 12.
Rothschild (Mrs. J. de), 4.

Savile (Mrs.), 17.
Smith (Miss E.), 13.
Steele (Miss), 2.
Steward (Mrs. H.), 6.
Stewart (Miss A. B.), 15.

Tardieu (Mlle T.), 15.
Thompson (Miss G.), 2.
Tuffon (Mrs. H. C.), 8.
Turner (Miss), 0.
Tweedie (Miss), 15.
Tullis (Miss), 18.

Vansittart (Miss), 8.

Whigham (Miss), + 4.
Wilson (Mrs. St.), 14.
Wright (Mrs.), 5.
Wilson Wood (Miss), 14.

GOLF DE TOURS

COMITÉ

BEAUMONT (Marquis DE), *Président.*
WALDNER (Baron DE), *Vice-Président.*
VASSOR, *Trésorier.*
MENNESSIER-NODIER (Capitaine), *Capitaine des ieux.*
BLOT (J.).
CAVAILHÈS DE PÉBRENS.
BRULEY DES VARANNES.

CHAMPCHEVRIER (Baron DE).
GOUIN (E.).
LOYSEL.
GIBSON (M.).
SOULIER (Vicomte DU).
VILLE LE ROULX (R. DE LA).
FERTÉ-SÉNECTÈRE (Comte R. DE LA).
RENTY (Baron G. DE).
GIBERT (F.), *Secrétaire.*

Liste des Membres.

ANDRÉ (L.).
ANDRÉ (Mme L.).
ANDRÉ (Mlle O.).
ANDRÉ (R.).
ANDRÉ (P.).
ARRAULT (P.).
AUVRAY (Baron H.).
AUVRAY (Baron R.).
AUVRAY (Baron R.).
AUVRAY (Baronne R.).

BALLOT (C.).
BARNSBY (Docteur).
BEAUFORT (Mlle DE).
BEAUMONT (Marquis DE).
BEAUMONT (Marquise DE).
BEAUMONT (Comte DE)
BEAUMONT (Comtesse DE).
BEAUMONT (Mlle DE).
BEAUMONT (C. DE).
BELHOIR (Lieutenant T. DE).
BERNHEIM (P.).
BERNHEIM (Mme P.).
BLOT (J.).
BOILAIVE (G.).
BOILAIVE (Mme G.).
BOILAIVE (Fils).
BOUCHEPORN (Baron DE)
BOUCHEPORN (Baronne DE).
BRISSAC (Duc DE).
BRISSAC (Duchesse DE).
BRUNSWIEG (Mlle).
BRUGNON (J.).
BRUGNON (H.).
BRULEY DES VARANNES.

BRULEY DES VARANNES (Mme).

CALMANN-LÉVY.
CARRUEL.
CARRUEL (Mlle).
CAVAILHÈS DE PÉBRENS.
CENTER.
CENTER (Mme).
CENTER (B.).
CHAMPCHEVRIER (Baron J. DE).
CHAMPCHEVRIER (Baronne J. DE).
CARRÉ (L.).
CHANÉAC (Mme LEBLANC DE).
CHAUME (T. DE LA).
COMBLES (Baron R. DE).
COMBLES (Mlle DE).
COURTILLOLES (DE).
CORNUAU.
COUTURIER (Capitaine).
COUTURIER (Mme).
COZETTE (P.).

DELAGRAVE (M.).
DELAGRAVE (Mme M.).
DESJEUX (Mlle).
DUPUY (Capitaine).
DENOUILLE (Mlle).

ESPOUS (Comtesse D').
EVAIN (Mme).

FADATTE DE SAINT-GEORGE (DE).
FAYE (R.).
FITTS (W. B.).
FERTÉ - SÉNECTÈRE (Cte R. DE LA).
FERTÉ - SÉNECTÈRE (Comtesse DE LA).

GAGNEAU (Mme).
GOUIN (E.).
GOUIN (E.).
GOUIN (G.).
GOUIN (Mme G.).
GRANDIÈRE (Lieutenant, vicomte DE LA).
GRANDIÈRE (Vicomtesse DE LA).

HAINGUERLOT (Baronne.
HAINGUERLOT (Mlle).
HÉBERT (S.).
HENRAUX (M.).
HENRAUX (Mme M.).
HUSSEY.
HUSSEY (Mme J.).
HUSSEY (J.).
HOLLAND.

JURJEWICZ (P. DE).
JURJEWICZ (Mme P. DE).
JONQUIÈRE (Vicomtesse DE LA).

KIDD (Miss).
KŒNIGSWARTER (Mme DE).

LABOUCHÈRE (Lieutenant).
LABOUCHÈRE (Mme).
LAURISTON-BOUBERS (DE).
LAURISTON (Mme DE).
LAURISTON (P. DE).
LA VIGNE.
LA VIGNE (Mlle).
LEFEBVRE (J.).
LEBLANC (E.).
LECOINTRE (J.).
LE GRIX (J.).
LEJEUNE (Lieutenant, Baron E.).
LEJEUNE (Baronne E.).
LOYSEL.
LUZE (Baron R. DE).

MAC-CARTHY (Comte).
MAC-CARTHY (Comtesse).
MADAMET.
MAME (A.).
MEIGNAN (J.).
MONTCABRIER (Comtesse G. DE).
MENNESSIER-NODIER (Capitaine).
MENNESSIER-NODIER (Mme).
METADIER.
MILNER GIBSON.
MILNER GIBSON (Mme).

MONNIER (Commandant).
MONNIER (L.).
MONNIER (E.).
MONNIER (Mme E.).
MOREAU (J.).
MORIN (Mme).
MOREL.

NADAILLAC (Comte DE).
NADAILLAC (Comtesse DE).
NOS (Mlle DES).

PATHAULT (R.).
PATHAULT (Mme R.).
POIX (Vicomte DE).
POIX (Vicomtesse DE).
POURTALÈS (Comte DE).
POURTALÈS (Comtesse DE).
POURTALÈS (J. DE).
POURTALÈS (E. DE).
PROVOST DE LAUNAY (G. LE).

QUESNEL (Lieutenant).
QUESNEL (Mme).

RENTY (Baron G. DE).
RENTY (Baronne G. DE).
ROGELET.

ROGELET (Mme).
ROQUE (E.).

SALVADOR (A.).
SALVADOR (Mme A.).
SAUSSAY (R. DU).
SAUVEBŒUF (Lieutenant DE).
SAUVEBŒUF (Mme DE).
SOULIER (Vicomte DU).
SOULIER (Vicomtesse DU).

TREYNET.

VASSOR.
VERGÉ (J.).
VERGÉ (Mlle).
VERGÉ (H.).
VERGÉ (Mme H.).
VERGÉ (J.).
VERGÉ (E.).
VERGÉ (R.).
VILLARMOIS (Vicomte DE LA).
VILLE LE ROULX (R. DE LA).
VILLE LE ROULX (Mme R. DE LA).

WALDNER (Baron DE).
WALDNER (Baronne DE).

SOCIÉTÉ DE GOLF ET DE TENNIS DE L'ERMITAGE
PORT-MARLY (Seine-et-Oise)

(EX-GOLF DU PECQ)

COMITÉ

DURAND (G.), *Président.*
MEYER-BOREL (A.), *Vice-Président.*

HOLLANDE (J.), *Secrétaire du Comité.*
TROUVET (L.), *Secrétaire gérant.*

Membres :

ANTONETTI (Comte).
CERJAL (C. DE),
DIDIER (A.).
DOUCET (J.).
HALBERS (E.).
LOMBARDIÈRE (DE LA).

MASSON (P.).
PASTEUR (C.),
RHEIMS (L.).
SAVARY (G.).
STEVENSON (K.).
VERDÉ-DELISLE (G.).

Liste des Membres

ALCAN (A.).
ALLAIN-LAUNAY (E.).
AMES (E.).
ANDRÉ (L.).
ANDRÉ (R.).
ANTONETTI (Comte).
ANTONETTI (R.).
ATHERTON (F. D.).
AVIRAGUET (Dr E. C.).
AVIRAGUET.
ANTONETTI (Comtesse).
ANDRÉ (Mme).
AZAN (Mme).

BABAULT (G.).
BAIR (R.).
BANDLER (A. S.).
BARBAS (E.).
BARDAC (E.).
BENOIST (M. L.).
BERGERAT (H.).
BERGER (A.).
BERNEL (C.).
BERTRAND (H.).
BERTRAND (A.).
BERTRAND (G.).
BERTRAND (M.).
BERTIN-MOUROT.
BIDAULT (R.).
BLACQUE (V. A.).
BLUMENTHAL (J.).
BLUMENTHAL (C.).
BOAS (R.).
BOUASSE (J.).
BOUILLIANT (J.).
BOURDELLES (L.).
BOURDET (A.).
BOUSQUET (P.).
BRARD (J.).
BRUGNON (H.).
BUISSON (A.).
BUIT (M. DU).
BURAT (J.).
BEAUMEVIELLE (A.).
BRIGG (G.).
BLUEMEL (F. W.).
BOUCHERON (L.).
BROWN (S. D.).
BARATHY (Baronne G. DE).
BENOIST (Mme L. M.).
BISPHAM (Mme I.).
BOUASSE (Mme J.).
BOUILLIANT (Mme A.).

BOURDET (Mme A.).
BREART (Mlle).
BROQUIN (Mlle J.).
BUISSON (Mme A.).
BURAT (Mlle S.).
BOUCHERON (Mme L.).

CAEL (A.).
CAEL (J.).
CARRE (R.).
CARTIER (P.).
CERJAT (C. DE).
CHAPMAN (H. E.).
CHAIN (H.).
CHARVET (P.).
CHISWELL (H. A. W.).
CITROEN (H.).
COARD (M. C.).
COCTEAU (P.).
CERJAT (G. DE).
COLLIEZ (A.).
COLLONGE (A.).
COLLONGE (B.).
CONNER (B. H.).
COOK (G. W.).
COQUILLON (G.).
CORBIÈRE (C.).
CORBIÈRE (E.).
CORBIÈRE (G.).
CORBIÈRE (P.).
CRAMAIL (R.).
CREED (H.).
CARTIER (Mme P.).
CARRE (Mme R.).
CARRE (Mlle).
CATERS (Mlle M. DE).
CERJAT (Mme C. DE).
CITROEN (Mme H.).
CITROEN (Mlle Y.).
CHARVET (Mme R.).
COOK (Mme G.).
COOK (Mlle M.).
COOK (Mlle D.).
COQUILLON (Mme).
CORBIÈRE (Mme P).
CUVILLIER (Mlle M.).
CHISWELL (Mme H. A. W.).
CHAPMAN (Mme).

DALSEME (A.).
DAVIS (W.).
DAY (W. M.).
DENAVIT (G.).

DENAVIT (G.).
DELAFON (R.).
DELAPALME (P.).
DERRIEU (G.).
DESCAMPS (J.).
DESOUCHES (M.).
DEVISCHER (J.).
DEWEY (R.).
DIDIER (A.).
DIDIER (E.).
DORMEUIL (H. A.).
DORMEUIL (M. A.).
DORMEUIL (J.).
DOUCET (J.).
DOUGLAS (D.).
DUFOUR (J.).
DULAC (H.).
DUGARDIN (M.).
DURAND (G.).
DURAND (G.).
DUVAL-LAGUIERCE.
DUVEEN (J.).
DUVEEN (E.).
DUROYAUME (J.).
DOMMARTIN (G. F.).
DUMAS (P.).
DUMAS (A. M.).
DAWEY (G. H.).
DAVILLIER (Baronne).
DAY (Mme W. M.).
DELICOURT (Mme).
DELVAUX (Mme).
DELVAUX (Mlle M.).
DESCHAMPS (Mme Y.).
DESOUCHES (Mme M.).
DIDIER (Mme A.).
DIDIER (Mme H.).
DIDIER (Mme L.).
DORMEUIL (Mme M. A.).
DORMEUIL (Mme J.).
DOUGLAS SITORU (Mme).
DUGARDIN (Mme M.).
DUMAS (Mlle).
DURAND (Mme) H.).
DURAND (Mme E.).
DURAND (Mme L.).

EDELINE (J.).
EMERSON (G.).
EDELINE (Mme J.).
ETCHEVERRY (Mme S.).

FAITHFULL (L. E.).
FAVET (M.).

FAUCHIER (M.).
FAUL (V.).
FINLAY (A. A.).
FELDER (T. J.).
FERRAND (G.).
FLORANT.
FOREAU (L.).
FOURNEZ (R.).
FRANK (E.).
FLEISCHLL (W.).
FENWICK (Mme K.).
FLORANT (Mme M.).
FONTARCE (Mme B. DE).
FOUSTIER (Mme B.).

GAGNEAU (E.).
GAILLARD (H.).
GAILLARD (G.).
GAUME (A.).
GEBARD (P.).
GERS (P.).
GERVAIS (C.).
GILBERT (A.).
GILLOU (E.).
GIMPEL (R.).
GOLDSCHMIDT (A.).
GRANET (J.).
GUGENHEIM (G.).
GUIARD (M.).
GUIARD (R.).
GUIARD (J.).
GUIRAUD (L.).
GAGNEAU (Mme E.).
GAILLARD (Mme H.).
GERS (Mme P.).
GERS (Mme G.).
GILBERT (Mme A.).
GILLOU (Mme A.).
GRANET (Mme G.).

HACHETTE (L.).
HALBERS (E.).
HALLY SMITH.
HAMLYN (R. A.).
HANOT (L.).
HARPER (D.).
HEDOUIN (L.).
HENNION.
HERBET (H.).
HEWSON (W.).
HOLLANDE (J.).
HOLLANDE (J.).
HOLLANDE (B.).
HORNE (J. B.).
HUBER (A.).
HUET (R.).

HUET (G.).
HUGUENOT (P.).
HEIMANN.
HAHN (D. M.).
HECHT (E.).
HALBERS (Mme E.).
HANOT (Mme L.).
HELLOT (Mme D.).
HELLOT (Mme Y.).
HELLOT (Mme).
HENNION (Mme).
HERBET (Mme G.).
HERSCHER (Mme S.).
HERSCHER (Mme L.).
HEWSON (Mme H.).
HOLLANDE (Mme M. A.).
HOLLANDE (Mme J.).
HOME (Mme D.).
HUBERT (Mme H.).
HUET (Mme D.).
HUET (Mlle G.).
HUGUENOT (Mme M. L.).

JACOB (L. E.).
JACOBY (M.).
JEHN (E.).
JEHN (P.).
JONAS (A.).
JOUSSELIN (R. DE).
JEHN (Mme E.).
JEHN (Mme G. I.).

KAUFFMANN (Mme N.).
KEILLER.

LAFLÈCHE (J.).
LAMBERT (L.).
LANGOULANT (M.).
LANGUEREAU (M.).
LAUTIER (E.).
LAVIGNE (M.).
LEMARÉCHAL (A.).
LEMARÉCHAL.
LEMERCIER (P.).
LEO (P.).
LEO (R.).
LEPÈRE (G.).
LEPERRIER (J.).
LEROY (H.).
LEWY (R.).
LIÉVIN (H.).
LOMBARDIÈRE (C. DE LA).
LOMBARDIÈRE (C. DE LA).
LOUBERT (G.).
LOUBERT (J.).
LOUVIÈRES (J. DE).

LICHTENBERGER (H.).
LIOUVILLE (R.).
LAGARDE (Mme Y.).
LAMBERT (Mme L.).
LAPEYROUSE (Mme).
LECOMTE (Mme M.).
LEO (Mme R.).
LEON (Mme S.).
LIEVIN (Mme S.).
LIEVIN (Mme M.).

MANEUVRIER (E.).
MARCUARD (H.).
MASSON (P.).
MASSON (G.).
MASSY (G.).
MAUNOURY (P.).
MAX (J.).
MAY (P.).
MAYEN (A.).
MAYEN (P.).
MAYEN (J.).
MAYER (M.).
MEYER (A.).
MEYER (F.).
MERANDON (G.).
MERLIN (L.).
MORIN (C.).
MORIN (R.).
MORIQUAUD (H.).
MORSON (W.).
MARQUEZY
MASSON (Mlle).
MEYER (Mme A.).
MANEUVRIER (Mme E.).
MAUNOURY (Mme P.).
MAUNOURY (Mlle P.).
MAY (Mme P.).
MAYEN (Mme N.).
MOORHOUSE (Mme M.).
MONIN (Mme D.).
MARQUEZY (Mme).
MASSY (Mme).
MAX (Mme).

NATHAN (D. L.).
NEUBAUER (A.).
NEWHANS (T.).
NOCARD (P.).
NATHAN (Mme S.).
NEUBAUER (Mme).
NEUBAUER (Mlle).

OLIVIER (C.).
O'MEARA (W.).
OUDARD (A.).

OUDIN (A.).
OULMANN (Mme C.).

PANNIER (J.).
PARMENTIER (M.).
PASTEUR (C.).
PAYNE (W.).
PEAU DE SAINT-GILLES (J.).
PLAISTOWE (J.).
PLAISTOWE (H.).
PLISSON (A.).
POTTIER (R.).
POURÉE (J.).
POWEL (W. N.).
PRESTON (W. A.).
PIAT (A.).
PANNIER (Mme).
PANNIER (Mlle S.).
PASTEUR (Mme C.).
PEAU DE SAINT-GILLES (Mme).
PLISSON (Mme A.).
POPPLE (Mme G.).
POTTIER (Mme R.).
PIAT (Mme S.).

QUENTIN-BAUCHART.
QUESNEL (P.).
QUENTIN - BAUCHART (Mme).
QUESNEL (Mme P.).

RAFFALOVICH (S.).
RAIMON (J.).
REED (P. S.).
RHEIMS (L.).
RHEIN (J.).
RISACHER.
RISACHER.
ROBLOT (R.).
ROTH (W. F.).
RUSSAK (J.).

REJAN (G. B.).
ROSENBAUM (M.).
RHEIMS (Mme L.).
RAIMON (Mme J.).
RENAULT (Mme F.).
RHEIN (Mme J.).
RIE (Mme B. S.).
ROBLOT (Mme R.).

SACHS.
SALABERT (F.).
SALMON (G.).
SAUERBACH.
SAUERBACH.
SAVARY (G.).
SERRET (G.).
SIENKIEWICZ.
SIEGFRIED (J.).
SIMS (W. E.).
SLEATOR (A. B.).
SLEATOR (W.).
SOUPAULT (B.).
SPALDING (J. M.).
SPANIER (M. B.).
STETTINER (A.).
STEVENSON (W. K.).
SULZBACH (M.).
SUSSMANN (A.).
SARRADE (E.).
SALATS (Mme P.).
SALMON (Mme G.).
SAVARY (Mme G.).
STRAUSS (Mme C.).
SUSSMANN (Mme A.).
SIEGFRIED (Mme).
SCHEW (Mme M.).

TACHARD (A.).
TACHARD (L.).
TARDIEU (A.).
TEBBITT (A.).
THION-DE LA CHAUME.
THOMAS (W. I.).

THOMPSON (J. F.).
TISSIER (L.).
TRELAT.
TREMLETT (W.).
TARDIEU (Mme A.).
TEBBITT (Mme A.).
TÉTARD (Mme P.).
TRELAT (Mme Y.).

VERDÉ-DELISLE (G.).
VALLÉE (R.).
VAUDIER (P.).
VARENNE (DE).
VERNES (P.).
VERNES.
VINGTAIN (M.).
VIOT (A.).
VIRAUT (C.).
VIRAUT (R.).
VIRAUT (D.).
VOIRIN (J.).
VERDÉ-DELISLE (Mme G.).
VAUDIER (Mme P.).
VERNES (Mlle).
VIOT (Mme A.).
VIOT (Mlle J.).
VIOT (Mlle S.).
VIRAUT (Mlle M.).
VALLÉE (Mme R.).

WALLUT (R.).
WEEKS (W. R.).
WIDDERSON (A. J.).
WILSON (F. J.).
WOONE (J. R.).
WALLUT (Mlle S.).
WEEKS (Mme).
WERTHEIMER (Mme J.).
WOOD (Mme J.).
WOONE (Mme J. R.).

TABLE DES MATIÈRES

LISTE DES MEMBRES

DES PRINCIPAUX CLUBS FRANÇAIS DE GOLF

Abbeville. — Imprimerie F. PAILLART.